BIBLIOTHÈQUE

DES

VOYAGES,

CONTENANT

LA RELATION DE TOUS LES VOYAGES INTÉRESSANS
ENTREPRIS DEPUIS 1400 JUSQU'A NOS JOURS.

TOME TREIZIÈME.

PARIS,

FROMENT, RUE DAUPHINE, N. 24.
AUDIN, QUAI DES AUGUSTINS, N. 25.
LIBRAIRIE PARISIENNE, GALERIE VÉRO-DODAT.

—

1830.

BIBLIOTHÈQUE

GÉNÉRALE

DES VOYAGES.

PREMIÈRE SÉRIE.

LA HARPE.

TOME XIII

Se trouve aussi :

Chez Félix Locquin, Imprimeur ;
    Papinot, Libraire, rue de Sorbonne, en
    face l'Académie.

C.

PARIS, IMPRIMERIE DE DEZAUCHE,
Rue du faubourg Montmartre, n° 4.

Figures chinoises.

BIBLIOTHÈQUE

GÉNÉRALE

DES VOYAGES,

CONTENANT

LA RELATION DE TOUS LES VOYAGES INTÉRESSANS
ENTREPRIS DEPUIS 1400 JUSQU'A NOS JOURS.

TOME XIII.

Paris.

FROMENT, RUE DAUPHINE, N° 24;
LIBRAIRIE PARISIENNE, GALERIE VÉRO-DODAT, N° 8
AUDIN, LIBRAIRE, QUAI DES AUGUSTINS, N° 25

1830.

HISTOIRE

GÉNÉRALE

DES VOYAGES.

❦❦❦❦❦❦❦❦❦❦❦❦❦❦❦❦❦❦❦❦❦❦❦❦❦❦❦❦❦

SECONDE PARTIE.

ASIE.

LIVRE II.

CONTINENT DE L'INDE.

⟶

Suite du

CHAPITRE III.

Voyage de l'ambassadeur anglais Thomas Rhoé dans l'Indoustan.

AUSSITOT que tout le monde eut pris sa place, sa majesté demanda de l'eau, se lava les mains et se retira. Ses femmes

XIII. I

entrèrent par une autre porte dans l'appartement qui leur était destiné. Rhoé ne vit point le prince de Cosronroé dans l'enceinte des tentes ; mais il est vrai qu'elles composaient plus de trente appartemens, dans un desquels il pouvait être entré. Les seigneurs de la cour se retirèrent chacun à leurs tentes, qui étaient de différentes formes et de différentes couleurs, les unes blanches, les autres vertes, mais dressées toutes dans un aussi bel ordre que les appartemens de nos plus belles maisons ; ce qui forma pour Rhoé un des plus beaux spectacles qu'il eût jamais vus. Tout le camp paraissait une belle ville. Le bagage et les autres embarras de l'armée n'en défiguraient pas la beauté ni la symétrie. Rhoé n'avait pas de chariot, et ressentait quelque honte de ne pas se montrer avec plus de distinction ; mais c'était un mal forcé, dit-il, cinq années de ses appointemens n'auraient pas suffi pour lui faire un équipage qui approchât de celui des moindres seigneurs mogols.

Il admira le même faste dans la tente du prince Coroné, autre fils de l'empereur, pro-

tégé par la cabale ennemie de Cosronroé.
Son trône était couvert de plaques d'argent,
et, dans quelques endroits, de fleurs en relief d'or massif. Le dais était porté sur quatre piliers, aussi couverts d'argent. Son
épée, son bouclier, ses arcs, ses flèches et
sa lance étaient devant lui sur une table. On
montait la garde lorsque Rhoé arriva. Il observa que le prince paraissait fort maître de
lui-même, et qu'il composait ses actions
avec beaucoup de gravité. On lui remit deux
lettres qu'il lut debout avant de monter sur
son trône. Il ne laissait apercevoir ni le
moindre sourire ni la moindre déférence
dans la réception qu'il faisait à ceux qui se
présentaient à lui. Son air paraissait plein
d'une fierté rebutante, et d'un mépris général pour tout ce qui tombait sous ses yeux.
Cependant, après qu'il eut lu ses lettres,
Rhoé crut découvrir quelque trouble intérieur et quelque espèce de distraction dans
son esprit, qui le faisait répondre peu à pro-
pos à ceux qui lui parlaient, et qui l'empê-
chait même de les entendre, et il attribua
cette distraction à l'amour du prince pour

une des femmes de son père qu'il avait eu la
permission de voir.

Rhoé trouva une autre fois le même prince
qui jouait aux cartes avec beaucoup d'attention. Le sujet de sa visite était pour obtenir
des chariots et des chameaux, sans lesquels il
ne pouvait suivre l'empereur en campagne.
Il avait déjà renouvelé plusieurs fois la même
demande. Coroné lui fit des excuses du défaut de sa mémoire, et rejeta la faute sur ses
officiers. Cependant il lui témoigna plus de
civilité qu'il n'avait jamais fait. Il l'appela
même plusieurs fois pour lui montrer son
jeu, et souvent il lui adressa la parole. Rhoé
s'était flatté qu'il lui proposerait de faire le
voyage avec lui; mais ne recevant là-dessus
aucune ouverture, il prit le parti de se retirer, sous prétexte qu'il était obligé de retourner à Asmère, et qu'il n'avait pas d'équipage pour passer la nuit au camp. Coroné
lui promit d'expédier les ordres qu'il demandait, et le voyant sortir, il le fit suivre
par un eunuque et par plusieurs officiers qui
lui dirent en souriant que le prince voulait
lui faire un riche présent; et que, s'il ap-

préhendait de se mettre en chemin pendant la nuit, on lui donnerait une escorte de dix chevaux. Il consentit à demeurer. « Ils me firent, dit-il, une aussi grande fête de ce présent que si le prince eût voulu me donner la plus belle de ses chaînes de perles. Le présent vint enfin : c'était un manteau de drap d'or qu'il avait porté deux ou trois fois. On me le mit sur les épaules, et ce fut à contre-cœur que je lui en fis mes remercîmens. Cet habit aurait été propre à représenter sur un théâtre l'ancien rôle du grand Tamerlan. Mais la plus haute faveur que puisse faire un prince dans toutes ces régions est celle de donner un habit après l'avoir porté quelquefois. »

Le 16, l'empereur donna ordre qu'on mît le feu à toutes les maisons voisines du camp, pour obliger le peuple à le suivre. Les flammes se communiquèrent jusqu'à la ville, qui fut aussi brûlée. Il en faut conclure que des villes qu'on brûle si facilement ne coûtent pas beaucoup à bâtir.

Dans l'intervalle on fut informé de quelques circonstances qui regardaient le prince

1*

Cosronroé. Tout le monde continuait de
prendre part à sa disgrâce, et gémissait de le
voir remis en prison et retomber entre les
mains de ses ennemis. L'empereur, qui n'y
avait consenti que pour satisfaire l'ambition
de son frère, sans aucun dessein d'exposer
sa vie, résolut de s'expliquer assez hautement pour le mettre en sûreté et pour apai-
ser en même temps le peuple, qui murmu-
rait assez haut de sa prison. Il prit occasion,
pour déclarer ses sentimens, d'une incivilité
qu'Asaph-Khan avait eue pour son prisonnier. Ce seigneur, qui était comme le geôlier
du prince, était entré malgré lui dans sa
chambre, et s'était même dispensé de lui faire
la révérence. Quelques-uns jugèrent qu'il
avait cherché à lui faire une querelle, dans
l'espérance que le malheureux Cosronroé,
qui n'était pas d'humeur à souffrir un af-
front, mettrait l'épée à la main ou se porte-
rait à quelque autre violence, qui servirait
de prétexte aux soldats de la garde pour le
tuer. Mais il le trouva plus patient qu'il ne
se l'était promis. Le prince se contenta de
faire avertir l'empereur par un de ses amis de

l'indigne hauteur avec laquelle il était traité.
Asaph-Khan fut appelé au dorbar, et l'empereur lui demanda s'il y avait long-temps
qu'il n'avait vu son fils. Il répondit qu'il y
avait deux jours. « Qu'est-ce qui se passa
l'autre jour dans sa chambre? » continua
l'empereur. Asaph-Khan répliqua qu'il n'y
était allé que pour lui rendre une visite. Le
monarque insistant sur la manière dont elle
avait été rendue, Asaph-Khan jugea qu'il
était informé de la vérité. Il raconta qu'il
était allé voir le prince pour lui offrir son
service, mais que l'entrée de sa chambre lui
avait été refusée; que là-dessus, étant responsable de sa personne, il avait cru que son
devoir l'obligeait de visiter la chambre de
son prisonnier, et qu'à la vérité il y était entré malgré lui. L'empereur reprit sans s'é-
mouvoir : « Eh bien! quand vous fûtes entré, que lui dîtes-vous? et quel respect,
quelle soumission rendîtes-vous à mon fils? »
Ce barbara demeura fort confus, et se vit
forcé d'avouer qu'il ne lui avait fait aucune
civilité. L'empereur lui dit d'un ton sévère
qu'il lui ferait connaître que ses enfans étaient

ses maîtres, et que, s'il apprenait une seconde fois qu'il eût manqué de respect à sultan Cosronroé, il commanderait à ce prince
de lui mettre le pied sur la gorge et de l'é-
touffer. « J'aime sultan Coroné, ajouta-t-il,
» mais je veux que tout le monde sache que
» je n'ai pas mis mon fils aîné et mon suc-
» cesseur entre ses mains pour le perdre. »

L'armée mogole étant partie avant que
Rhoé pût avoir fini ses préparatifs, il ne se
vit en état de suivre l'empereur que vers la
fin de novembre. Le premier jour du mois
suivant, il arriva le soir à Brampour, après
avoir trouvé en chemin les corps de cent
voleurs qui avaient souffert les derniers supplices. Le 4, ayant fait cinq cosses, il rencontra un chameau chargé de trois cents
têtes de rebelles, que le gouverneur de Can-
dahar envoyait à l'empereur comme un présent. On fait souvent de pareilles rencon-
tres dans les états despotiques, où de pareils
messages sont très-fréquens.

Le 6, il fit quatre cosses jusqu'à Goddah,
où il trouva l'empereur avec toute sa cour.
Cette ville, qui est fermée de murailles et

située dans le plus beau pays du monde, lui
parut une des plus magnifiques et des mieux
bâties qu'il eût vues dans les Indes. La plupart des maisons y sont à deux étages, ce qui
est fort rare dans les autres villes. On y voit
des rues toutes composées de boutiques, qui
offrent les plus riches marchandises. Les édifices publics y sont superbes. On trouve
dans les places des réservoirs d'eau environ-
nés de galeries dont les arcades sont de
pierres de taille et revêtues de la même pierre,
avec des degrés qui, régnant alentour, donnent la commodité de descendre jusqu'au
fond pour y puiser de l'eau ou pour s'y rafraîchir. La situation de Goddah l'emporte
encore sur la beauté de la ville. Elle est dans
une grande campagne, où l'on découvre une
infinité de beaux villages. La terre y est extrêmement fertile en blé, en coton, en excellens pâturages. Rhoé y vit un jardin d'environ deux milles de long et large d'un quart
de mille, planté de manguiers, de tamari-
niers et d'autres arbres à fruit, et divisé régulièrement en allées. De toutes parts, on
aperçoit des pagodes ou petits temples, des

fontaines , des bains , des étangs et des pavillons de pierres de taille bâtis en dômes. Ce
mélange forme un si beau spectacle, qu'au
jugement de Rhoé. « il n'y a pas d'hommes
» qui ne se crût heureux de passer sa vie
» dans un si beau lieu. » Goddah était autrefois plus florissante, lorsque, avant les
conquêtes d'Akbar, elle était la demeure ordinaire d'un prince rasbout. Rhoé s'aperçut
même en plusieurs· endroits que les plus
beaux bâtimens commencent à tomber en
ruine ; ce qu'il attribue à la négligence des
possesseurs , qui ne se donnent pas le soin de
conserver ce qui doit retourner à l'empereur
après leur mort.

Le 9, il vit le camp impérial, qu'il nomme
une des plus admirables choses qu'il eût jamais vues. Cette grande ville portative avait
été dressée dans l'espace de quatre heures ;
son circuit était d'environ vingt milles d'Angleterre ; les rues et les tentes y étaient ordonnées à la ligne, et les boutiques si bien
distribuées, que chacun savait où trouver
ce qui lui était nécessaire. Chaque personne
de qualité , et chaque marchand sait égale-

ment à quelle distance de l'atasikanha, ou de
la tente du roi, la sienne doit être placée ;
il sait à quelle autre tente elle doit faire face,
et quelle quantité de terrain elle doit occu-
per : cependant toutes ces tentes ensemble
contiennent un terrain plus spacieux que la
plus grande ville de l'Europe. On ne peut
approcher des pavillons de l'empereur qu'à
la portée du mousquet ; ce qui s'observe
avec tant d'exactitude, que les plus grands
seigneurs n'y étaient point reçus, s'ils n'y
étaient mandés. Pendant que l'empereur
était en campagne, il ne tenait point de
dorbar après midi ; il employait ce temps
à la chasse ou à faire voler ses oiseaux sur
les étangs ; quelquefois il se mettait seul
dans un bateau pour tirer : on en portait
toujours à sa suite sur des chariots. Il se
laissait voir le matin au djarnéo ; mais il
était défendu de lui parler d'affaires dans
ce lieu ; elles se traitaient le soir au gouzalkan ; du moins lorsque le temps qu'il y
destinait au conseil n'était pas employé à
boire avec excès.

Le 16, Rhoé s'étant rendu aux tentes de

l'empereur, trouva ce monarque au retour
de la chasse, avec une grande quantité de
gibier et de poisson devant lui. Aussitôt
qu'il eut aperçu l'ambassadeur anglais, il
le pressa de choisir ce qui lui plairait le
plus entre les fruits de sa chasse et de sa
pêche; le reste fut distribué à sa noblesse.
Il y avait au pied de son trône un vieillard
fort sale et fort hideux. Ce pays est rempli
d'une sorte de mendians qui, par la profession d'une vie pauvre et pénitente, par-
viennent à se faire une grande réputation
de sainteté. Le vieillard, qui était de ce
nombre, occupait près de l'empereur une
place que les princes ses enfans n'auraient
osé prendre. Il offrit à sa majesté un petit
gâteau couvert de cendre, et cuit sur les
charbons, qu'il se vantait d'avoir fait lui-
même. L'empereur le reçut avec bonté, en
rompit un morceau, et ne fit pas difficulté
de le porter à sa bouche, quoiqu'une personne un peu délicate n'y eût pas touché
sans répugnance. Il se fit apporter une cen-
taine d'écus, et de ses propres mains non-
seulement il les mit dans un pan de la robe

du vieillard, mais il en ramassa quelques-
uns qui étaient tombés. Lorsqu'on lui eut
servi sa collation, il ne mangea rien dont
il ne lui offrît une partie ; et voyant que sa
faiblesse ne lui permettait pas de se lever,
il le prit entre ses bras pour l'aider lui-
même ; il l'embrassa étroitement, porta trois
fois la main sur sa poitrine, et lui donna
le nom de son père.

Le 6 février, on arriva sous les murs de
Calléade, petite ville nouvellement rebâtie,
où les tentes impériales furent dressées dans
un lieu fort agréable, sur la rivière de Scep-
te, à un cosse d'Oughen, principale ville
de la province de Mouloua. Calléade était
autrefois la résidence des rois de Mandoa.
On raconte qu'un de ces princes étant tombé
dans une rivière, d'où il fut retiré par un
esclave qui s'était jeté à la nage, et qui
l'avait pris heureusement par les cheveux,
son premier soin, en revenant à lui-même,
fut de demander à qui il était redevable de
la vie. On lui apprit l'obligation qu'il avait
à l'esclave, dont on ne doutait pas que la
récompense ne fût proportionnée à cet im-

portant service ; mais il lui demanda comment il avait eu l'audace de mettre la main
sur la tête de son prince, et sur-le-champ il
lui fit donner la mort. Quelque temps après,
étant assis, dans l'ivresse, sur le bord d'un
bateau, près d'une de ses femmes, il se laissa
tomber encore une fois dans l'eau : cette
femme pouvait aisément le sauver, mais,
croyant ce service trop dangereux, elle le
laissa périr, en donnant pour excuse qu'elle
se souvenait de l'histoire du malheureux
esclave. Jamais il n'y eut de plus juste retour
ni de meilleur raisonnement.

Le 11, tandis que l'empereur était allé
dans la montagne d'Oughen pour y visiter
un dervis âgé de cent trois ans, Rhoé fut
averti par une lettre que sultan Coroné,
malgré tous les ordres et les firmans de son
père, s'était saisi des présens de la compagnie : on lui avait représenté inutilement
qu'ils étaient pour l'empereur. Il s'était hâté
de lui écrire qu'il avait fait arrêter quelques
marchandises qui appartenaient aux Anglais ;
et, sans parler des présens, il lui avait demandé la permission d'ouvrir les caisses, et

d'acheter ce qui conviendrait à son usage ;
mais les facteurs qui étaient chargés de ce
dépôt, refusant de consentir à l'ouverture
des caisses, du moins sans l'ordre de l'ambassadeur, il employait toutes sortes de
mauvais traitemens pour les forcer à cette
complaisance. C'était un droit qu'il s'attribuait de voir, avant l'empereur son père,
tous les présens et toutes les marchandises,
pour se donner la liberté de choisir le premier.

Rhoé, fort offensé de cette violence, prit
d'abord la résolution de porter ses plaintes
à l'empereur par la bouche d'Asaph-Khan,
parce que ce seigneur aurait pris pour une
injure qu'il eût employé d'autres voies. Cependant l'expérience lui ayant appris à s'en
défier, il se réduisit à le prier de lui procurer une audience au gouzalkan. Ensuite
les objections augmentant sa défiance, il se
détermina, par le conseil de son interprète,
à prendre l'occasion du retour de l'empereur
pour lui parler en chemin. Il se rendit à
cheval dans un lieu où ce monarque devait
passer; et, l'ayant rencontré sur un élé-

phant, il mit pied à terre pour se présenter
à lui. L'empereur l'aperçut, et prévint ses
plaintes, « Je sais, lui dit-il, que mon fils
» a pris vos marchandises. Soyez sans in-
» quiétude. Il n'ouvrira point vos caisses, et
» j'enverrai ce soir l'ordre de vous les re-
» mettre. » Cette promesse, qui fut accom-
gnée de discours fort civils, n'empêcha point
Rhoé de se rendre le soir au gouzalkan pour
renouveler ses instances. L'empereur, qui
le vit entrer, lui fit dire qu'il avait envoyé
l'ordre auquel il s'était engagé; mais qu'il
fallait oublier tous les mécontentemens
passés. Quoiqu'un langage si vague laissât
de fâcheux doutes aux Anglais, la présence
d'Asaph-Khan, dont ils craignaient les arti-
fices, leur fit remettre leurs explications à
d'autres temps, d'autant plus que l'empereur, étant tombé sur les différens de religion, se mit à parler de celle des juifs, des
chrétiens et des mahométans. Le vin l'avait
rendu de si bonne humeur, que, se tournant
vers Rhoé, il lui dit : « Je suis le maître,
» vous serez tous heureux dans mes états,
» maures, juifs et chrétiens. Je ne me mêle

» point de vos controverses. Vivez en paix
» dans mon empire. Vous y serez à couvert
» de toutes sortes d'injures, vous y vivrez
» en sûreté, et j'empêcherai que personne
» ne vous opprime. » Si c'était le vin qui
le faisait parler ainsi, il faut croire que ce
prince n'avait jamais tant de raison que dans
le vin.

Deux jours après sultan Coroné arriva de
Brampour. Rhoé était désesperé qu'on ne
parût point penser à lui rendre justice, et
l'arrivée du prince ne semblait propre qu'à
reculer ses espérances. Comme il croyait
l'avoir aigri par ses plaintes, et que les mé-
nagemens n'étaient plus de saison, il résolut
de faire un dernier effort auprès de l'empereur ; mais, tandis qu'il en cherchait l'occasion, quel fut son étonnement d'apprendre
que l'empereur s'était fait apporter secrète-
ment les caisses et les avait fait ouvrir ! C'est
dans ses propres termes qu'il faut rapporter la
conclusion de ce singulier démêlé, où l'on
voit dans tout son jour la basse avidité qui
forme un des caractères du despotisme.

» Je formai, dit il, le dessein de m'en

2*

venger ; et, dans une audience que mes
sollicitations me firent obtenir, je lui en fis
ouvertement mes plaintes : il les reçut avec
des flatteries basses, et plus indignes encore
de son rang que l'action même. Il me dit
que je ne devais pas m'alarmer pour la sûreté de tout ce qui était à moi ; qu'il avait
trouvé dans les caisses diverses choses qui
lui plaisaient extrêmement, surtout un
verre travaillé à jour, et des coussins en
broderie ; qu'il avait aussi retenu les dogues,
mais que s'il y avait quelque rareté que je
ne voulusse pas lui vendre ou lui donner,
il me la rendrait, et qu'il souhaitait que je
fusse content de lui. Je lui répondis qu'il y
en avait peu qui ne lui fussent destinées ;
mais que c'était un procédé fort incivil à
l'égard du roi mon maître, et que je ne sa-
vais comment lui faire entendre que les présens qu'il envoyait avaient été saisis, au lieu
d'être offerts par mes mains à ceux entre qui
j'avais ordre de les distribuer ; que plusieurs
de ces présens étaient pour le prince Coroné
et pour la princesse Nohormal ; que d'autres
devaient me demeurer entre les mains, pour

les faire servir dans l'occasion à me procurer
la faveur de sa majesté contre les injures que
ma nation recevait tous les jours ; qu'il y
en avait pour mes amis et pour mon usage
particulier; que le reste appartenait aux
marchands, et que je n'avais pas le droit de
disposer du bien d'autrui.

» Il me pria de ne pas trouver mauvais
qu'il se les eût fait apporter. Toutes les pièces, me dit-il, lui avaient paru si belles,
qu'il n'avait pas eu la patience d'attendre
qu'elles lui fussent présentées de ma main.
Son empressement ne m'avait fait aucun tort,
puisqu'il était persuadé que dans ma distribution il aurait été servi le premier. A l'égard
du roi d'Angleterre, il se proposait de lui
faire des excuses. Je devais être sans embarras du côté du prince et de Nohormal,
qui n'étaient qu'une même chose avec lui.
Enfin, quant aux présens que je destinais
pour les occasions où je croirais avoir besoin
de sa faveur, c'était une cérémonie tout-à-
fait inutile, parce qu'il me donnerait audience lorsqu'il me plairait de la demander ;
et que, n'ignorant pas qu'il ne me restait

rien à lui offrir, il ne me recevrait par plus
mal lorsque je me présenterais les mains
vides. Ensuite prenant les intérêts de son
fils, il m'assura que ce prince me restitue-
rait ce qu'il m'avait pris, et qu'il satisferait
les facteurs pour les marchandises qu'il leur
avait enlevées. Comme je demeurais en silence, il me pressa de lui déclarer ce que je
pensais de son discours. Je lui répondis que
j'étais charmé de voir sa majesté si contente.
Il tourna ses yeux sur un ministre anglais,
nommé Terry, dont je m'étais fait accompagner, « Padre, lui dit-il, cette maison
» est à vous; vous devez vous fier à moi.
» L'entrée vous sera libre lorsque vous aurez
» quelque demande à me faire, et je vous
» accorderai toutes les grâces que vous
» pouvez désirer. »

» Après ces flatteuses promesses, il reprit
avec moi le ton le plus familier, mais avec
une adresse que je n'ai connue qu'en Asie.
Il se mit à faire le dénombrement de tout ce
qu'il m'avait fait enlever, en commençant
par les dogues, les coussins, le verre à jour
et par un bel étui de chirurgie. « Ces trois

» choses, me dit-il, vous ne voulez pas que
» je vous les rende, car je suis bien aise de
» les garder. » Il faut obéir à votre majesté,
lui répondis-je. « Pour les verres de ces deux
» caisses, reprit-il, ils sont fort communs :
» à qui les destinez-vous ? » Je lui dis que
l'une des deux caisses était pour sa majesté,
et l'autre pour la princesse Nohormal. « Hé
» bien! me dit-il, je n'en retiendrai qu'une ?
» Et ces chapeaux, ajouta-t-il, pour qui
» sont-ils ? ils plaisent fort à mes femmes. »
Je répondis qu'il y en avait trois pour sa majesté et un pour mon usage. « Vous ne m'ô-
» terez pas, continua-t-il, ceux qui étaient
» pour moi, car je les trouve fort beaux.
» Pour le vôtre, je vous le rendrai, si vous
» en avez besoin ; mais vous m'obligerez
» beaucoup de me le donner aussi. » Il en
fallut demeurer d'accord. « Et les peintu-
» res, reprit-il encore, à qui sont-elles ? »
Elles m'ont été envoyées, lui répondis-je,
pour en disposer suivant l'occasion. Il donna
ordre qu'elles lui fussent apportées ; et faisant ouvrir la caisse, il me fit diverses questions sur les femmes dont elles représen-

taient la figure. Ensuite, s'étant tourné vers
les seigneurs de sa cour, il les pressa de lui
donner l'explication d'un tableau qui contenait une Vénus et un satyre ; mais il défen-
dit en même temps à mon interprète de
m'expliquer ce qu'il leur disait. Ses observations regardaient principalement les cornes
du satyre, sa peau qui était noire, et quelques autres particularités des deux figures.
Chacun s'expliqua suivant ses idées ; mais
l'empereur, sans déclarer les siennes, leur
dit qu'ils se trompaient et qu'ils en jugeaient
mal. Là-dessus, recommandant encore à l'interprète de ne me pas informer de ce qu'il
avait dit, il lui donna ordre de me demander
mon sentiment sur le sujet de cette peinture.
Je répondis de bonne foi que je la prenais
pour une simple invention du peintre, et
que l'u a e de cet art était de chercher ses
sujets dans les fictions des poètes. J'ajoutai
d'ailleurs que, voyant ce tableau pour la première fois, il m'était impossible d'expliquer
mieux le dessein de l'artiste. Il fit faire la
même demande à Terry, qui reconnut aussi
son ignorance. « Pourquoi donc, reprit-il,

» m'apporter une chose dont vous ignorez
» l'explication ? »

» Je m'arrête à cet incident, pour l'instruction des directeurs de la compagnie ; et
de tous ceux qui me succéderont. C'est un
avis qui doit leur faire apporter plus de choix
à leurs présens, et leur faire supprimer tout
ce qui est sujet à de mauvaises interpréta-
tions, parce qu'il n'y a point de cour plus
maligne et plus défiante que celle du Mogol.
Quoique l'empereur n'eût pas expliqué ses
sentimens, je crus reconnaître aux discours
qu'il avait tenus que ce tableau passait dans
son esprit pour une raillerie injurieuse des
peuples de l'Asie, c'est-à-dire qu'il les y
croyait représentés par le satyre, avec lequel on leur supposait une ressemblance de
complexion, tandis que la Vénus qui menait
le satyre par le nez exprimait l'empire que
les femmes du pays ont sur les hommes. Il
ne me pressa pas davantage d'en porter mon
jugement, parce qu'étant persuadé, avec raison, que je n'avais jamais vu ce tableau, il
ne le fut pas moins que l'ignorance dont je
me faisais une excuse était sans artifice. Ce-

pendant il y a beaucoup d'apparence qu'il conserva le soupçon que je lui attribuais; car il me dit d'un air froid qu'il recevait cette peinture comme un présent.

» Pour les autres bagatelles, ajouta-t-il, je veux qu'elles soient envoyées à mon fils: elles lui seront agréables. D'ailleurs je lui écrirai avec des ordres si formels, que vous n'aurez plus besoin de solliciter auprès de lui. Il accompagna cette promesse de complimens, d'excuses, de protestations, qui ne pouvaient venir que d'une âme fort généreuse ou fort basse.

« Il y avait dans une grande caisse diverses figures de bêtés qui n'étaient au fond que des masses de bois. On m'avait averti qu'elles étaient fort mal faites, et que la peinture dont elles étaient revêtues s'était écaillée en divers endroits. Je n'aurais jamais pensé à les mettre au nombre des présens, si j'avais eu la liberté du choix. Aussi l'empereur me demanda-t-il ce qu'elles signifiaient, et si elles étaient envoyées pour lui. Je me hâtai de répondre qu'on n'avait pas eu l'intention de lui faire un présent si peu digne de lui,

mais que ces figures étaient envoyées pour
faire voir la forme des animaux les plus communs de l'Europe. « Hé quoi! répliqua-t-il
» aussitôt, pense-t-on en Angleterre que
» je n'aie jamais vu de taureau ni de cheval?
» Cependant je veux les garder. Mais ce que
» je vous demande, c'est de me procurer un
» grand cheval de votre pays avec deux de vos
» lévriers d'Irlande, un mâle et une femelle,
» et d'autres espèces de chiens dont vous
» vous servez pour la chasse. Si vous m'ac-
» cordez cette satisfaction, je vous donne ma
» parole de prince que vous en serez récom-
» pensé, et que vous obtiendrez de moi plus
» de priviléges que vous ne m'en demande-
» rez. Ma réponse fut que je ne manquerais
» pas d'en faire mettre sur les vaisseaux de
» la première flotte; que je n'osais répondre
» qu'ils pussent résister aux fatigues d'un si
» long voyage; mais que, s'ils venaient à
» mourir, je promettais, pour témoignage
» de mon obéissance, de lui en faire voir les
» os et la peau. » Ce discours parut lui plaire.
Il s'inclina plusieurs fois, il porta la main
sur sa poitrine avec tant d'autres marques

XIII. 3

d'affection et de faveur, que les seigneurs
même qui se trouvaient présens m'assurèrent qu'il n'avait jamais traité personne avec
cette distinction : aussi ces caresses furent-
elles ma récompense. Il ajouta qu'il voulait
réparer toutes les injustices que j'avais es-
suyées, et me renvoyer dans ma patrie com-
blé d'honneur et de grâces ; il donna même
sur-le-champ quelques ordres qui devaient
faire cesser mes plaintes. « J'enverrai, me
dit-il, un magnifique présent au roi d'Angleterre, et l'accompagnerai d'une lettre où
je lui rendrai témoignage de vos bons services ; mais je souhaiterais de savoir quel
présent lui sera le plus agréable. » Je répondis qu'il me conviendrait mal de lui demander un présent ; que ce n'était pas l'usage de
mon pays, et que l'honneur du roi mon
maître en était blessé, mais que, de quelque présent qu'il me fît l'honneur de me
charger, je l'assurais que, de la part d'un
monarque qui était également aimé et respecté en Angleterre, il y serait reçu avec
beaucoup de joie : ces excuses ne purent le
persuader. Il s'imagina que je prenais sa dé-

mande pour une raillerie ; et, jurant par sa
tête qu'il me chargerait d'un présent, il me
pressa de lui nommer quelque chose qui méritât d'être envoyé si loin. Je me vis forcé de
répondre qu'autant que j'étais capable d'en
juger, les grands tapis de Perse seraient un
présent convenable, parce que le roi mon
maître n'en attendait pas d'une grande valeur. Il me dit qu'il en ferait préparer de diverses fabriques et de toutes sortes de gran-
deurs, et qu'il y joindrait ce qu'il jugerait de
plus propre à prouver son estime pour le roi
d'Angleterre. On avait apporté devant lui
plusieurs pièces de gibier : il me donna la
moitié d'un daim, en me disant qu'il l'avait
tué de sa propre main, et qu'il destinait l'autre moitié pour ses femmes. En effet, cette
autre moitié fut coupée sur-le-champ en
plusieurs pièces de quatre livres chacune.
Au même instant, son troisième fils et deux
femmes vinrent du sérail ; et prenant ces
morceaux de viande entre leurs mains, les
emportèrent eux-mêmes comme des mendians auxquels on aurait fait une aumône.

» Si des affronts pouvaient être réparés

par des paroles, je devais être satisfait de
cette audience. Mais je crus devoir conti-
nuer de me plaindre, dans la crainte qu'il
n'eût fait toutes ces avances que pour mettre
mon caractère à l'épreuve. Il parut surpris
de me voir revenir au sujet de mes peines.
Il me demanda si je n'étais pas content de
lui ; et lorsque j'eus répondu que sa faveur
pouvait aisément remédier aux injustices
qu'on m'avait faites dans ses états, il promit
encore que j'aurais à me louer de l'avenir.
Cependant ce qu'il ajouta me fit juger que
ma fermeté lui déplaisait. « Je n'ai qu'une
question à vous faire, me dit-il ; quand je
songe aux présens que vous m'avez envoyés
depuis deux ans, je me suis étonné plusieurs fois que, le roi votre maître vous
ayant revêtu de la qualité d'ambassadeur, ils
aient été fort inférieurs en qualité comme en
nombre à ceux d'un simple marchand qui
était ici avant vous, et qui s'est heureusement servi des siens pour gagner l'affection
de tout le monde. Je vous reconnais pour
ambassadeur. Votre procédé sent l'homme
de condition. Cependant je ne puis com-

prendre qu'on vous entretienne à ma cour
avec si peu d'éclat. » Je voulais répondre à
ce reproche : il m'interrompit. « Je sais, reprit-il, que ce n'est pas votre faute ni celle
de votre prince ; et je veux vous faire voir
que je fais plus de cas de vous que de ceux
qui vous ont envoyé. Lorsque vous retour-
nerez en Angleterre, je vous accorderai des
honneurs et des récompenses ; et, sans égard
pour les présens que vous m'avez apportés,
je vous en donnerai un pour votre maître.
Mais je vous charge d'une commission dont
je ne veux pas me fier aux marchands. C'est
de me faire faire dans votre pays un carquois
pour des flèches, un étui pour mon arc,
dont je vous ferai donner le modèle, un
coussin à ma manière pour dormir dessus,
une paire de brodequins de la plus riche broderie d'Angleterre, et une cotte de mailles
pour mon usage. Je sais qu'on travaille
mieux chez vous qu'en aucun lieu du monde.
Si vous me faites ce présent, vous savez que
je suis un puissant prince, et vous ne per-
drez rien à vous être chargé de cette commission. » Je l'assurai que j'exécuterais fidè-

5*

lement ses ordres. Il chargea aussitôt Azaph-
Khan de m'envoyer les modèles. Ensuite il
me demanda s'il me restait du vin de raisin.
Je lui répondis que j'en avais encore une
petite provision. « Eh bien ! me dit-il, en-
» voyez-le-moi ce soir. J'en goûterai ; et si
» je le trouve bon, j'en boirai beaucoup. »

Ainsi, dans cette audience qui passa pour
une faveur extraordinaire, Rhoé se vit dé-
pouillé de ses caisses et de son vin, sans
emporter d'autres fruits de ses libéralités
que des promesses. Il faut convenir qu'il n'y
a guère de spectacle plus vil et plus dégoû-
tant que celui d'un monarque des Indes faisant ainsi l'inventaire des caisses d'un étranger pour s'approprier sous divers prétextes,
ou pour demander bassement ce qu'elles
contiennent. Il semble que les princes d'A-
sie regardent comme une des marques de
leur dignité le privilége de recevoir. Les
princes d'Europe ont des idées plus justes
de la grandeur. Ils ne se croient faits que
pour donner ; et c'est une faveur très-distin-
guée de leur part quand ils veulent bien recevoir.

Rhoé assure qu'avec beaucoup de recher-
ches il ne trouva point dans le pays un seul
prosélyte qui méritât le nom de chrétien, et
qu'à la réserve d'un petit nombre de miséra-
bles qui étaient entretenus par la charité des
jésuites, il y en avait même très-peu qui fissent profession du christianisme. Il ajoute
que les jésuites, connaissant la mauvaise foi
de cette nation, se lassaient d'une dépense
inutile. Tel était, suivant son témoignage,
le véritable état du christianisme dans l'Indoustan.

« Il n'y avait pas long-temps que l'église
et la maison des jésuites avaient été brûlées.
Le crucifix était échappé aux flammes, et sa
conservation fut publiée comme un miracle.
Pour moi, qui aurais béni tout accident dont
on aurait tiré quelque avantage pour la pro-
pagation de l'Evangile, je gardai le silence.
Le père Corsi me dit de bonne foi qu'il
croyait cet événement fort naturel ; mais
que les mahométans même l'ayant fait passer
dans sa participation pour un miracle, il
n'était pas fâché qu'ils eussent conçu cette
opinion.

» L'empereur, fort ardent pour toutes les nouveautés, appela le missionnaire, et lui fit diverses questions. Enfin, venant au sujet de sa curiosité : « Vous ne me parlez pas, » lui dit-il, des grands miracles que vous » avez faits au nom de votre prophète. Si » vous voulez jeter son image dans le feu en » ma présence, et qu'elle ne brûle pas, je » me ferai chrétien. » Le père Corsi répondit que cette expérience blessait la raison, et que le ciel n'était pas obligé de faire des miracles chaque fois que les hommes en demandaient ; que c'était le tenter, et que le choix des occasions n'appartenait qu'à lui : mais qu'il offrait d'entrer lui-même dans le feu pour preuve de la vérité de la foi. L'empereur n'accepta point cette offre. Cependant tous les courtisans firent beaucoup de bruit ; et, demandant que la vérité de notre religion fût éprouvée par cette voie, ils ajoutèrent que, si le crucifix brûlait, le père Corsi serait obligé d'embrasser le mahométisme. Sultan Coroné apporta l'exemple de plusieurs miracles qui s'étaient faits dans des occasions moins importantes que celle de la conversion d'un si grand monarque, et conclut que, si les chrétiens refusaient cette expérience, il ne se croyait pas obligé de s'en rapporter à leurs discours. »

Un charlatan de Bengale offrit à l'empereur un grand singe qu'il donnait pour un animal divin. On a fait remarquer effectivement dans d'autres relations que plusieurs sectes des Indes attribuent quelque divinité à ces animaux. Comme il était question de vérifier cette qualité par des preuves, l'empereur tira d'un de ses doigts un anneau, et le fit cacher dans les vêtemens d'un de ses pages. Le singe, qui ne l'avait pas vu cacher, l'alla prendre dans le lieu où il était. L'empereur ne s'en rapportant point à cette expérience, fit écrire sur douze billets différens les noms de douze législateurs, tels que de Moïse, de Jésus-Christ, de Mahomet, d'Aly, etc., et les ayant mêlés dans un vase, il demanda au singe quel était celui qui avait publié la véritable loi. Le singe mit sa main dans le vase, et tira le nom du législateur des chrétiens. L'empereur, fort étonné, soupçonna le maître du singe de savoir lire les caractères persans, et d'avoir dressé l'animal à faire cette distinction. Il prit la peine d'écrire les mêmes noms de sa propre main, avec les chiffres qu'il employait pour donner des ordres secrets à ses ministres. Le singe ne s'y trompa point; il prit une seconde fois le nom de Jésus-Christ et le baisa. Un des principaux officiers de la cour dit à l'empereur qu'il y avait nécessairement quelque supercherie, et lui demanda la permission de mêler les billets, avec offre de se livrer à toutes sortes de supplices, si le singe ne manquait pas son rôle. Il écrivit encore une fois les douze noms; mais il n'en mit que onze dans le vase, et retint l'autre dans sa main. Le singe les toucha tous l'un après l'autre sans en vouloir prendre aucun. L'empereur, véritablement surpris, s'efforça de lui en faire prendre un. Mais l'animal se mit en furie, et fit entendre par divers signes que le nom du vrai législateur n'était pas dans le vase. L'empereur lui demanda où il était donc. Il courut vers l'officier, et lui prit la main dans laquelle était le nom qu'on lui demandait. Rhoé ajoute : quelque inter-

rétation qu'on veuille donner à cette singe-
rie, le fait est certain.

* * *

CHAPITRE VIII.

Voyage de Tavernier dans l'Indoustan.

TAVERNIER parcourut d'abord plusieurs
contrées de l'Europe. Mais ces courses n'ap-
partenant point à notre plan, nous le trans-
porterons tout de suite dans l'Indoustan, en
partant de Surate pour Agra.

Des deux routes de Surate à Agra, l'une
est par Brampour et par Seronghe; l'autre
par Amedabad. Tavernier, s'étant déterminé
pour la première, passa par Baler et Kerkoa,
et vint à Navapoura.

Navapoura est un gros bourg rempli de
tisserands, quoique le riz fasse le principal
commerce du canton. Il y passe une rivière
qui rend son territoire excellent. Tout le riz
qui croît dans cette contrée est plus petit
de la moitié que le riz ordinaire, et devient

en cuisant d'une blancheur admirable ; ce qui le fait estimer particulièrement. On lui trouve aussi l'odeur du musc, et tous les grands de l'Inde n'en mangent point d'autre. En Perse même, un sac de ce riz passe pour un présent fort agréable.

De Navapoura, on compte quatre-vingt-quinze cosses jusqu'à Brampour. C'est une grande ville ruinée, dont la plupart des maisons sont couvertes de chaume. On voit encore au milieu de la place un grand château qui sert de logement au gouverneur. Le gouvernement de cette province est si considérable, qu'il est toujours le partage d'un fils ou d'un oncle de l'empereur. Aureng-Zeb, qui régnait alors, avait commandé long-temps à Brampour pendant le règne de son père. Le commerce est florissant à Brampour. Il se fait dans la ville et la province une prodigieuse quantité de toiles fort claires qui se transportent en Perse, en Turquie, en Moscovie, en Pologne, en Arabie, au Caire, et dans d'autres lieux. Des unes, qui sont teintes de diverses couleurs à fleurs courantes, on fait des voiles et des écharpes pour les femmes, des couvertures de lit et des mouchoirs. D'autres sont toutes blanches, avec une raie d'or ou d'argent qui borde la pièce et les deux bouts depuis la largeur d'un pouce jusqu'à douze ou quinze. Cette bordure n'est qu'un tissu d'or ou d'argent et de soie, avec des fleurs dont la beauté est égale des deux côtés. Si celles qu'on porte en Pologne, où le commerce en est considérable, n'avaient aux deux bouts trois ou quatre pouces au moins d'or ou d'argent, ou si cet or et cet argent devenaient noirs en passant les mers de Surate à Ormuz, et de Trébizonde à Mangalia, ou dans d'autres ports de la mer Noire, on ne pourrait s'en défaire qu'avec beaucoup de peine. D'autres toiles sont par bandes, moitié coton, moitié d'or et d'argent, et cette espèce porte le nom d'*ornis*. Il s'en trouve depuis quinze jusqu'à vingt aunes, dont le prix est quelquefois de cent et de cent cinquante roupies ; mais les moindres ne sont pas au-dessous de dix ou douze. En un mot, les Indes n'ont pas de province où le coton se trouve avec plus d'abondance qu'à Brampour.

XIII. 4

Tavernier avertit que, dans tous les lieux dont le nom se termine par *séra*, on doit se représenter un grand enclos de murs ou de haies, dans lequel sont disposées en cercle cinquante ou soixante huttes couvertes de chaume. C'est une sorte d'hôtellerie fort inférieure aux caravansérails persans, où se trouvent quelques hommes et quelques femmes qui vendent de la farine, du riz, du beurre et des herbages, et qui prennent soin de faire cuire le pain et le riz des voyageurs. Ils nettoient les huttes, que chacun a la liberté de choisir ; ils y mettent un petit lit de sangle, sur lequel on étend le matelas dont on doit être fourni lorsqu'on n'est point assez riche pour se faire accompagner d'une tente. S'il se trouve quelque mahométan parmi les voyageurs, il va chercher dans le bourg ou le village du mouton et des poules, qu'il distribue volontiers à ceux qui lui en rendent le prix.

Seronghe lui parut une grande ville, dont les habitans sont banians, et la plupart artisans de père en fils, ce qui les porte à bâtir des maisons de pierre et de brique. Il s'y fait

un grand commerce de chites, sorte de toiles peintes, dont le bas peuple de Turquie
et de Perse aime à se vêtir, et qui sert dans
d'autres pays pour des couvertures de lit et
des nappes à manger. On en fait dans d'autres lieux que Seronghe, mais de couleurs
moins vives et plus sujettes à se ternir dans
l'eau ; tandis que celles de Seronghe deviennent plus belles chaque fois qu'on les lave.
La rivière qui passe dans cette ville donne
cette vivacité aux teintures. Pendant la saison des pluies, qui durent quatre mois, les
ouvriers impriment leurs toiles suivant le
modèle qu'ils reçoivent des marchands étrangers ; et lorsque les pluies cessent, ils se hâ-
tent de laver les toiles dans la rivière, parce
que plus elle est trouble plus les couleurs sont
vives et résistent au temps. On fait aussi à
Seronghe une sorte de gazes ou de toiles si
fines, qu'étant sur le corps, elles laissent
voir la chair à nu. Le transport n'en est pas
permis aux marchands. Le gouverneur les
prend toutes pour le sérail impérial et pour
les principaux seigneurs de la cour. Les sul-
tanes et les dames mogoles s'en font des che-

mises et des robes, que l'empereur et les
grands se plaisent à leur voir porter dans les
grandes chaleurs.

En passant à Baroche, il accepta un logement chez les Anglais, qui ont un fort beau
comptoir dans cette ville. Quelques charlatans indiens ayant offert d'amuser l'assemblée par des tours de leur profession, il eut
la curiosité de les voir. Pour premier spectacle, ils firent allumer un grand feu, dans
lequel ils firent rougir des chaînes, dont ils
se lièrent le corps à nu sans en ressentir aucun mal. Ensuite prenant un petit morceau
de bois qu'ils plantèrent en terre, ils demandèrent quel fruit on souhaitait d'en voir
sortir. On leur dit qu'on souhaitait des man-
gues. Alors un des charlatans, s'étant couvert d'un linceul, s'accroupit cinq ou six fois
contre terre. Tavernier, qui voulait le suivre
dans cette opération, prit une place d'où ses
regards pouvaient pénétrer par une ouverture du linceul ; et ce qu'il raconte ici semble demander beaucoup de confiance au témoignage de ses yeux.

» J'aperçus, dit-il, que cet homme, se

coupant la chair sous les aisselles avec un rasoir, frottait de son sang le morceau de bois. Chaque fois qu'il se relevait le bois croissait à vue d'œil ; et la troisième, il en sortit des branches avec des bourgeons. La quatrième fois, l'arbre fut couvert de feuilles. La cinquième, on y vit des fleurs. Un ministre anglais, qui était présent, avait protesté d'abord qu'il ne pouvait consentir que des chrétiens assistassent à ce spectacle : mais lorsque d'un morceau de bois sec, il eut vu que ces gens-là faisaient venir, en moins d'une demi-heure, un arbre de quatre ou cinq pieds de haut, avec des feuilles et des fleurs comme au printemps, il se mit en devoir de l'aller rompre, et dit hautement qu'il ne donnerait jamais la communion à ceux qui demeureraient plus long-temps à voir de pareilles choses : ce qui obligea les Anglais de congédier les charlatans, après leur avoir donné la valeur de dix ou douze écus, dont ils parurent fort satisfaits. » Il faut avouer qu'il n'y a point de tour de Comus qui approche de celui-là.

Dans le petit voyage qu'il fit à Cambaye,

4*

en se détournant de cinq ou six cosses, il
n'observa rien dont Mandelslo n'eût fait la
discription ; mais, à son retour, il passa par
un village qui n'est qu'à trois cosses de cette
ville, où l'on voit une pagode célèbre par les
offrandes de la plupart des courtisanes de
l'Inde. Elle est remplie de nudités , entre lesquelles on découvre particulièrement une
grande figure que Tavernier prit pour un
Apollon, dans un état fort indécent. Les
vieilles courtisanes qui ont amassé une somme d'argent dans leur jeunesse en achètent
de petites esclaves qu'elles forment à tous
les exercices de leur profession , et ces
petites filles, que leurs maîtresses mènent
à la pagode dès l'âge de onze ou douze ans,
regardent comme un bonheur d'être offertes
à l'idole. Cet infâme temple est à six cosses
de Chid-Abad, où Mandelslo visita un des
plus beaux jardins du grand Mogol.

A l'occasion de la rivière d'Amedabad,
qui est sans pont, et que les paysans passent
à la nage, après s'être lié entre l'estomac et
le ventre une peau de bouc qu'ils remplissent
de vent, il remarque que, pour faire passer

leurs enfans, ils les mettent dans des pots
de terre dont l'embouchure est haute de
quatre doigts, et qu'ils poussent devant eux.
Pendant qu'il était dans cette ville, un paysan
et sa femme passaient un jour avec un enfant de deux ans, qu'ils avaient mis dans un
de ces pots, d'où il ne lui sortait que la tête.
Vers le milieu de la rivière, ils trouvèrent
un petit banc de sable, sur lequel était un
gros arbre que les flots y avaient jeté. Ils
poussèrent le pot dans cet endroit pour y
prendre un peu de repos. Comme ils appro-
chaient du pied de l'arbre, dont le tronc
s'élevait un peu au-dessus de l'eau, un serpent qui sortit d'entre les racines sauta dans
le pot. Le père et la mère, fort effrayés,
abandonnèrent le pot, qui fut emporté par
le courant de l'eau tandis qu'ils demeurèrent
à demi morts au pied de l'arbre. Deux lieues
plus bas, un banian et sa femme, avec leur
enfant, se lavaient, suivant l'usage du pays,
avant d'aller prendre leur nourriture. Ils
virent de loin ce pot sur l'eau, et la moitié
d'une tête qui paraissait hors de l'embouchure. Le banian se hâte d'aller au secours,

et pousse le pot à la rive. Aussitôt la mère, suivie de son enfant, s'approche pour aider l'autre à sortir. Alors le serpent, qui n'avait fait aucun mal au premier, sort du pot, se jette sur l'enfant du banian, se lie autour de son corps par divers replis, le pique et lui jette son venin qui lui cause une prompte mort. Deux paysans superstitieux se persuadèrent facilement qu'une aventure si extraordinaire était arrivée par une secrète disposition du ciel, qui leur ôtait leur enfant pour leur en donner un autre. Mais le bruit de cet événement s'étant répandu, les parens du dernier, qui en furent informés, redemandèrent leur enfant; et leurs prétentions devinrent le sujet d'un différend fort vif. L'affaire fut portée devant l'empereur, qui ordonna que l'enfant fût restitué à son père.

Tavernier confirme ce qu'on a lu dans Mandelslo, de la multitude de singes qu'on rencontre sur la route, et du danger qu'il y a toujours à les irriter. Un Anglais, qui en tua un d'un coup d'arquebuse, faillit d'être étranglé par soixante de ces animaux qui descendirent du sommet des arbres, et dont

il ne fut délivré que par le secours qu'il reçut
d'un grand nombre de valets. En passant à
Chitpour, assez bonne ville, qui tire son
nom du commerce de ces toiles peintes qu'on
nomme chites, Tavernier vit dans un grande
place quatre ou cinq lions qu'on amenait
pour les apprivoiser. La méthode des Indiens
lui parut curieuse. On attache les lions par
les pieds de derrière, de douze en douze
pas l'un de l'autre, à un gros pieu bien af-
fermi. Ils ont au cou une corde dont le maître
tient le bout à la main. Les pieux sont plantés
sur une même ligne; et sur une autre parallèle éloignée d'environ vingt pas on tend
encore une corde de la longueur de l'espace
qui est occupé par les lions. Les deux cordes
qui tiennent chacun de ces animaux attachés
par les pieds de derrière leur laissent la liberté
de s'élancer jusqu'à la corde parallèle qui
sert de rempart à des hommes qui sont placés
au-delà pour les irriter par quelques pierres
ou quelques petits morceaux de bois qu'ils
leur jettent. Une partie du peuple accourt
à ce spectacle. Lorsque le lion provoqué s'est
élancé vers la corde, il est ramené au pieu

par celle que le maître tient à la main. C'est
ainsi qu'il s'apprivoise insensiblement ; et
Tavernier fut témoin de cet exercice à Chitpour, sans sortir de son carrosse.

Le jour suivant lui offrit un autre amusement dans la rencontre d'une bande de fakirs ou de dervis mahométans. Il en compta
cinquante-sept, dont le chef ou le supérieur
avait été grand écuyer de l'empereur Djehan-
Ghir, et s'était dégoûté de la cour à l'occasion de la mort de son petit-fils, qui avait
été étranglé par l'ordre de ce monarque.
Quatre autres fakirs, qui tenaient le premier rang après le supérieur, avaient occupé
des emplois considérables à la même cour.
L'habillement de ces cinq chefs consistait en
trois ou quatre aunes de toile couleur oran-
gée, dont ils se faisaient comme des ceintures avec le bout passé entre les jambes et
relevé par derrière jusqu'au dos pour mettre
la pudeur à couvert, et sur les épaules une
peau de tigre attachée sous le menton. Devant eux on menait en main huit beaux chevaux, dont trois avaient des brides d'or et
des selles couvertes aussi de lames d'argent,

avec une peau de léopard sur chacune. L'habit du reste des dervis était une simple corde qui leur servait de ceinture, sans autre voile pour l'honnêteté qu'un petit morceau d'étoffe. Leurs cheveux étaient liés en tresse autour de la tête, et formaient une espèce de turban. Ils étaient tous armés la plupart d'arcs et de flèches, quelques-uns de mousquets, et d'autres de demi-piques avec une sorte d'arme inconnue en Europe, qui est, suivant la description de Tavernier, un cercle de fer tranchant, de la forme d'un plat dont on aurait ôté le fond, ils s'en passent huit ou dix autour du cou comme une fraise; et les tirant lorsqu'ils veulent s'en servir, ils les jettent avec tant de force, comme nous ferions voler une assiette, qu'ils coupent un homme presque en deux par le milieu du corps. Chaque dervis avait aussi une espèce de cor de chasse dont ils sonnent en arrivant dans quelque lieu, avec un autre instrument de fer à peu près de la forme d'une truelle. C'est avec cet instrument, que les Indiens portent ordinairement dans leurs voyages, qu'ils raclent et nettoient la terre dans les lieux où ils veulent s'arrêter, et qu'après avoir ramassé la poussière en monceau, ils s'en servent comme de matelas pour être couchés plus mollement. Trois des mêmes dervis étaient armés de longues épées, qu'ils avaient achetées apparemment des Anglais ou des Portugais. Leur bagage était composé de quatre coffres remplis de livres arabes ou persans, et de quelques ustensiles de cuisine. Dix ou douze bœufs qui faisaient l'arrière-garde servaient à porter ceux qui étaient incommodés de la marche.

Lorsque cette religieuse troupe fut arrivée dans le lieu où Tavernier s'était arrêté avec cinquante personnes de son escorte et de ses domestiques, le supérieur, qui le vit si bien accompagné, demanda qui était cet aga, et le fit prier ensuite de lui céder son poste, parce qu'il lui paraissait commode pour y camper avec les dervis. Tavernier, informé du rang des cinq chefs, se disposa de bonne grâce à leur faire cette civilité. Aussitôt la place fut arrosée de quantité d'eau et soigneusement raclée. Comme on était en hiver, et que le froid était assez piquant, on alluma deux feux pour les cinq principaux dervis, qui se placèrent au milieu, avec la facilité de pouvoir se chauffer devant et derrière. Dès le même soir ils reçurent dans leur camp la visite du gouverneur d'une ville voisine, qui leur fit apporter du riz et d'autres rafraîchissemens. Leur usage pendant leurs courses est d'envoyer quelques-uns d'entre eux à la quête dans les habitations voisines, et les vivres qu'ils obtiennent se distribuent avec égalité dans toute la troupe. Chacun fait cuire son riz; ce qu'ils ont de trop est donné aux pauvres, et jamais ils ne se réservent rien pour le lendemain.

Tavernier arrive enfin à la ville impériale d'Agra; elle est à 27 degrés 31 minutes de latitude nord, dans un terroir sablonneux, qui l'expose pendant l'été à d'excessives chaleurs. C'est la plus grande ville des Indes, et la résidence ordinaire des empereurs mogols; les maisons des grands y sont belles et bien bâties; mais celles des particuliers, comme dans toutes les autres villes des Indes, n'ont rien d'agréable; elles sont écartées les unes des autres, et cachées par la

XIII. 5

hauteur des murailles, dans la crainte qu'on
n'y puisse apercevoir les femmes ; ce qui
rend toutes ces villes beaucoup moins rian-
tes que celles de l'Europe.

Du côté de la ville, on trouve une autre
place devant le palais ; la première porte,
qui n'a rien de magnifique, est gardée par
quelques soldats. Lorsque les grandes chaleurs d'Agra forcent l'empereur de transporter sa cour à Delhy, ou lorsqu'il se met en
campagne avec son armée, il donne la garde
de son trésor au plus fidèle de ses omhras,
qui ne s'éloigne pas nuit et jour de cette
porte, où il a son logement. Ce fut dans une
de ces absences du monarque que Tavernier
obtint la permission de voir le palais. Toute
la cour étant partie pour Delhy, le gouvernement du palais d'Agra fut confié à un seigneur qui aimait les Européens. Vélant,
chef du comptoir hollandais, l'alla saluer, et
lui offrit en épiceries, en cabinets du Japon,
et en beaux draps de Hollande, un présent
d'environ six mille écus. Tavernier, qui était
présent, eut occasion d'admirer la généro-
sité mogole. Ce seigneur reçut le compli-

ment avec politesse ; mais, se trouvant offensé du présent, il obligea les Hollandais
de le remporter, en leur disant que, par
considération et par amitié pour les Franguis, il prendrait seulement une petite can-
ne, de six qu'ils lui offraient. C'était une de
ces cannes du Japon qui croissent par petits
nœuds ; encore fallut-il ôter l'or dont on
l'avait enrichie, parce qu'il ne voulut la recevoir que nue. Après les complimens, il
demanda au directeur hollandais ce qu'il
pouvait faire pour l'obliger ; et Vélant l'ayant
prié de permettre que, dans l'absence de la
cour, il pût voir avec Tavernier l'intérieur
du palais, cette grâce leur fut accordée : on
leur donna six hommes pour les conduire.

La première porte, qui sert de logement
au gouverneur, conduit à une voûte longue
et obscure, après laquelle on entre dans une
grande cour environnée de portiques comme
la place Royale de Paris. La galerie qui est
en face est plus large et plus haute que les
autres ; elle est soutenue de trois rangs de
colonnes. Sous celles qui règnent des trois
autres côtés de la cour, et qui sont plus

étroites et plus basses, on a ménagé plusieurs petites chambres pour les soldats de la garde. Au milieu de la grande galerie on voit une niche pratiquée dans le mur, où l'empereur se rend par un petit escalier dérobé, et lorsqu'il y est assis, on ne le découvre que jusqu'à la poitrine, à peu près comme un buste. Il n'a point alors de gardes autour de lui, parce qu'il n'a rien à redouter, et que de tous les côtés cette place est inaccessible. Dans les grandes chaleurs, il a seulement près de sa personne un eunuque, ou même un de ses enfans pour l'éventer. Les grands de la cour se tiennent dans la galerie qui est au-dessous de cette niche.

Au fond de la cour, à main gauche, on trouve un second portail qui donne entrée dans une grande cour, environnée de galeries comme la première, sous lesquelles on voit aussi de petites chambres pour quelques officiers du palais. De cette seconde cour on passe dans une troisième, qui contient l'appartement impérial. Schah-Djehan avait entrepris de couvrir d'argent toute la voûte d'une grande galerie qui est à main droite.

Il avait choisi pour l'exécution de cette magnifique entreprise un Français de Bordeaux qui se nommait Augustin ; mais, ayant besoin d'un ministre intelligent pour quelques affaires qu'il avait à Goa, il y envoya cet artiste ; et les Portugais, qui lui reconnurent assez d'esprit pour le trouver redoutable, l'empoisonnèrent à Cochin. La galerie est demeurée peinte de feuillage d'or et d'azur ; tout le bas est revêtu de tapis. On y voit des portes qui donnent entrée dans plusieurs chambres carrées, mais fort petites. Tavernier se contenta d'en faire ouvrir deux, parce qu'on l'assura que toutes les autres leur ressemblaient. Les autres côtés de la cour sont ouverts, et n'ont qu'une simple muraille à hauteur d'appui ; du côté qui regarde la rivière, on trouve un divan ou un belvédère en saillie, où l'empereur vient s'asseoir pour se donner le plaisir de voir ses brigantins ou le combat des bêtes farouches ; une galerie lui sert de vestibule, et le dessein de Schah-Djehan était de la revêtir d'une treille de rubis et d'émeraudes, qui devaient représenter au naturel les raisins verts et ceux

5*

qui commencent à rougir ; mais ce dessein ; qui a fait beaucoup de bruit dans le monde , et qui demandait plus de richesses que l'Indoustan n'en peut fournir, est demeuré imparfait ; on ne voit que deux ou trois ceps d'or avec leurs feuilles , qui , comme tout le reste, devaient être émaillés de leurs couleurs naturelles et chargés d'émeraudes , de rubis et de grenats qui font les grappes. Au milieu de la cour, on admire une grande cuve d'eau, d'une seule pierre grisâtre, de quarante pieds de diamètre , avec des degrés dedans et dehors, pratiqués dans la même pierre pour monter et descendre.

Il paraît que la curiosité de Tavernier ne put pas aller plus loin ; ce qui s'accorde avec le témoignage des autres voyageurs, qui parlent des appartemens de l'empereur comme d'un lieu impénétrable. Il passe aux sépultures d'Agra, et des lieux voisins dont il vante la beauté. Les eunuques du palais ont presque tous l'ambition de se faire bâtir un magnifique tombeau ; lorsqu'ils ont amassé beaucoup de biens, la plupart souhaiteraient d'aller à la Mecque pour y porter de riches présens; mais le grand-mogol, qui ne voit pas sortir volontiers l'argent de ses états; leur accorde rarement cette permission; et leurs richesses leur devenant inutiles, ils en consacrent la plus grande partie à ces édifices pour laisser quelque mémoire de leur nom. Entre tous les tombeaux d'Agra, on distingue particulièrement celui de l'impératrice, femme de Schah-Djehan. Ce monarque le fit élever près du Tasimakan, grand bazar où se rassemblent tous les étrangers, dans la seule vue de lui attirer plus d'admirateurs. Ce bazar, ou ce marché, est entouré de six grandes cours, bordées de portiques sous lesquels on voit des boutiques et des chambres, où il se fait un prodigieux commerce de toiles. Le tombeau de l'impératrice est au levant de la ville, le long de la rivière, dans un grand espace fermé de murailles sur esquelles on a fait régner une petite galerie; cet espace est une sorte de jardin en compartimens, comme le parterre des nôtres, avec cette différence qu'au lieu de sable c'est du marbre blanc et noir: on y entre par un grand portail. A gauche, on découvre une

belle galerie qui regarde la Mecque, avec
trois ou quatre niches, où le mufti se rend
à des heures réglées pour y faire la prière.
Un peu au-delà du milieu de l'espace, on
voit trois grandes plates-formes, d'où l'on
annonce ces heures. Au-dessus s'élève un
dôme qui n'a guère moins d'éclat que celui
du Val-de-Grâce ; le dedans et le dehors sont
également revêtus de marbre blanc : c'est
sous ce dôme qu'on a placé le tombeau, quoique le corps de l'impératrice ait été déposé
sous une voûte qui est au-dessous de la première plate-forme. Les mêmes cérémonies
qui se font dans ce lieu souterrain s'observent sous le dôme autour du tombeau, c'est-
à-dire que de temps en temps on y change
les tapis, les chandeliers et les autres ornemens. On y trouve toujours aussi quelques
molahs en prière. Tavernier vit commencer
et finir ce grand ouvrage, auquel il assure
qu'on employa vingt-deux ans, et le travail
continuel de vingt mille hommes. On prétend, dit-il, que les seuls échafaudages ont
coûté plus que l'ouvrage entier, parce que,
manquant de bois, on était contraint de les

...ire de brique, comme les cintres de toutes
...s voûtes; ce qui demandait un travail et
...es frais immenses. Schah-Djehan avait com-
mencé à se bâtir un tombeau de l'autre côté
de la rivière : mais la guerre qu'il eut avec
ses enfans interrompit ce dessein, et l'heureux Aureng-Zeb, son successeur, ne se fit
pas un devoir de l'achever. Deux mille hommes, sous le commandement d'un eunuque,
veillent sans cesse à la garde du mausolée
de l'impératrice et du tasimakan.

Les tombeaux des eunuques n'ont qu'une
seule plate-forme, avec quatre petites chambres aux quatre coins. A la distance d'une
lieue des murs d'Agra, on visite la sépulture de l'empereur Akbar. En arrivant du
côté de Delhy, on rencontre, près d'un grand
bazar, un jardin qui est celui de Djehan-
Ghir, père de Schah-Djehan. Le dessus du
portail offre une peinture de son tombeau,
qui est couvert d'un grand voile noir, avec
plusieurs flambeaux de cire blanche, et la
figure de deux jésuites aux deux bouts. On
est étonné que Schah-Djehan, contre l'usage
du mahométisme qui défend les images, ait

souffert cette représentation. Tavernier la
regarde comme un monument de reconnaissance pour quelques leçons de mathématiques que ce prince et son père avaient re-
çues des jésuites. Il ajoute que dans une autre occasion Schah-Djehan n'eut pas pour
eux la même indulgence. Un jour qu'il était
allé voir un Arménien nommé Corgia, qu'il
aimait beaucoup, et qui était tombé malade,
les jésuites, dont la maison était voisine,
firent malheureusement sonner leur cloche.
Ce bruit, qui pouvait incommoder l'Arménien, irrita tellement l'empereur, que dans
sa colère il ordonna que la cloche fût enle-
vée et pendue au cou de son éléphant. Quelques jours après, revoyant cet animal avec
un fardeau qui était capable de lui nuire,
il fit porter cette cloche à la place du katoual,
où elle est demeurée depuis. Corgia passait
pour excellent poète. Il avait été élevé avec
Schah-Djehan, qui prit du goût pour son
esprit, et qui le comblait de richesses et
d'honneurs; mais ni les promesses ni les
menaces n'avaient pu lui faire embrasser la
religion de Mahomet.

Tavernier décrit la route d'Agra à Delhy, sans expliquer à quelle occasion ni dans quel temps il fit ce voyage; il compte soixante-huit cosses entre ces deux villes. Delhy est une grande ville, située sur le Djemna, qui coule du nord au sud, et qui, prenant ensuite son cours du couchant au levant, après avoir passé par Agra et Kadiove, va se perdre dans le Gange. Schah-Djehan, rebuté des chaleurs d'Agra, fit bâtir près de Delhy une nouvelle ville, à laquelle il donna le nom de Djehanabad, qui signifie ville de Djean : le climat y est plus tempéré. Mais, depuis cette fondation, Delhy est tombée presque en ruine, et n'a que des pauvres pour habitans, à l'exception de trois ou quatre seigneurs, qui, lorsque la cour est à Djehanabad, s'y établissent dans de grands enclos, où ils font dresser leurs tentes. Un jésuite qui suivait la cour d'Aureng-Zeb prenait aussi son logement à Delhy.

Djehanabad, que le peuple, par corruption, nomme aujourd'hui Djenabab, est devenue une fort grande ville, et n'est séparée de l'autre que par une simple muraille,

Toutes ses maisons sont bâties au milieu de
grands enclos; on entre du côté de Delhy
par une longue et large rue, bordée de
voûtes; dont le dessus est une plate-forme,
et qui sert de retraite aux marchands; cette
rue se termine à la grande place où est le
palais de l'empereur. Dans une autre, fort
droite et fort large, qui vient se rendre à la
même place, vers une autre porte du palais,
on ne trouve que de gros marchands qui
n'ont point de boutique extérieure.

Le palais impérial n'a pas moins d'une
demi-lieue de circuit; les murailles sont de
belles pierres de taille, avec des créneaux et
des tours; les fossés sont pleins d'eau, et
revêtus de la même pierre; le grand portail
du palais n'a rien de magnifique, non plus
que la première cour où les seigneurs peuvent entrer sur leurs éléphans; mais après
cette cour on trouve une sorte de rue ou de
grand passage, dont les deux côtés sont
bordés de beaux portiques, sous lesquels
une partie de la garde à cheval se retire dans
plusieurs petites chambres. Ils sont élevés
d'environ deux pieds; et les chevaux, qui

sont attachés au-dehors à des anneaux de
fer, ont leurs mangeoires sur les bords.
Dans quelques endroits, on voit de grandes
portes qui conduisent à divers appartemens.
Ce passage est divisé par un canal plein
d'eau qui laisse un beau chemin des deux
côtés, et qui forme de petits bassins à d'é-
gales distances ; il mène jusqu'à l'entrée
d'un grande cour où les ombras font la garde
en personne : cette cour est environnée de
logemens assez bas ; et les chevaux sont attachés devant chaque porte. De la seconde,
on passe dans une troisième par un grand
portail, à côté duquel on voit une petite
salle élevée de deux ou trois pieds, où l'on
prend les vestes dont l'empereur honore ses
sujets ou les étrangers. Un peu plus loin,
sous le même portail, est le lieu où se tiennent les tambours, les trompettes et les hautbois qui se font entendre quelques momens
avant que l'empereur se montre au public
et lorsqu'il est prêt à se retirer. Au fond de
cette troisième cour, on découvre le divan
ou la salle d'audience, qui est élevée de quatre pieds au-dessus du rez-de-chaussée, et

XIII. 6

tout-à-fait ouverte de trois côtés ; trente-
deux colonnes de marbre, d'environ quatre
pieds en carré, avec leurs piédestaux et leurs
moulures, soutiennent la voûte. Schah-Djehan s'était proposé d'enrichir cette salle des
plus beaux ouvrages mosaïques, dans le goût
de la chapelle de Florence ; mais, après en
avoir fait faire l'essai sur deux ou trois colonne, il désespéra de pouvoir trouver assez
de pierres précieuses pour un si grand dessein ; et n'étant pas moins rebuté par la dépense, il se détermina pour une peinture en
fleurs.

C'est au milieu de cette salle, et près du
bord qui regarde la cour, en forme de
théâtre, qu'on dresse le trône où l'empereur donne audience et dispense la justice :
c'est un petit lit, de la grandeur de nos lits
de camp, avec ses quatre colonnes, un ciel,
un dossier, un traversin et la courte-pointe.
Toutes ces pièces sont couvertes de diamans ; mais lorsque l'empereur s'y vient
asseoir, on étend sur le lit une couverture
de brocart d'or, ou de quelque riche étoffe
piquée. Il y monte par trois petites mar-

ches de deux pieds de long. A l'un des côtés on élève un parasol sur un bâton de la longueur d'une demi-pique, et l'on attache à chaque colonne du lit une des armes de l'empereur; c'est-à-dire sa rondache, son sabre, son arc, son carquois et ses flèches.

Dans la cour, au-dessous du trône, on a ménagé une place de vingt pieds en carré, entourée de balustres, qui sont couverts tantôt de lames d'argent, et tantôt de lames d'or. Les quatre coins de ce parquet sont la place des secrétaires d'état, qui font aussi la fonction d'avocats dans les causes civiles et criminelles. Le tour de la balustrade est occupée par les seigneurs et par les musiciens; car, pendant le divan même, on ne cesse pas d'entendre une musique fort douce, dont le bruit n'est pas capable d'apporter de l'interruption aux affaires les plus sérieuses. L'empereur, assis sur un trône, a près de lui quelqu'un des premiers seigneurs, ou ses seuls enfans. Entre onze heures et midi, le premier ministre d'état vient lui faire l'exposition de

tout ce qui s'est passé dans la chambre où
il préside, qui est à l'entrée de la première
cour ; et lorsque son rapport est fini, l'empereur se lève ; mais pendant que ce monarque est sur le trône, il n'est permis à
personne de sortir du palais. Tavernier fait
valoir l'honneur qu'on lui fit de l'exempter
de cette loi.

Vers le milieu de la cour, on trouve un
petit canal large d'environ six pouces, où
pendant que le roi est sur son trône, tous
ceux qui viennent à l'audience doivent s'arrêter ; il ne leur est pas permis d'avancer
plus loin sans être appelés ; et les ambas-
sadeurs mêmes ne sont pas exempts de
cette loi. Lorsqu'un ambassadeur est venu
jusqu'au canal, l'introducteur crie, vers le
divan où l'empereur est assis, que le ministre de telle puissance souhaite de parler
à sa majesté : alors un secrétaire d'état en
avertit l'empereur, qui feint souvent de ne
pas l'entendre ; mais, quelques momens
après, il lève les yeux, et les jetant sur
l'ambassadeur, il donne ordre au même
secrétaire de lui faire signe qu'il peut s'approcher.

De la salle du divan on passe à gauche
sur une terrasse d'où l'on découvre la rivière, et sur laquelle donne la porte d'une
petite chambre, d'où l'empereur passe au
sérail. A la gauche de cette même cour, on
voit une petite mosquée fort bien bâtie,
dont le dôme est couvert de plomb si parfaitement doré, qu'on le croirait d'or massif. C'est dans cette chapelle que l'empereur
fait chaque jour sa prière, excepté le vendredi, qu'il doit se rendre à la grande mosquée. On tend ce jour-là autour des degrés
un gros rets de cinq ou six pieds de haut,
dans la crainte que les éléphans n'en approchent, et par respect pour la mosquée
même. Cet édifice, que Tavernier trouva
très-beau, est assis sur une grande plate-
forme plus élevée que les maisons de la
ville, et l'on y monte par divers escaliers.

Le côté droit de la cour du trône est
occupé par des portiques qui forment une
longue galerie, élevée d'environ un pied
et demi au-dessus du rez-de-chaussée. Plusieurs portes qui règnent le long de ces
portiques donnent entrée dans les écuries

impériales, qui sont toujours remplies de
très-beaux chevaux. Tavernier assure que
le moindre a coûté trois mille écus, et
que le prix de quelques-uns va jusqu'à dix
mille. Au-devant de chaque porte on sus-
pend une natte de bambou, qui se fend
aussi menu que l'osier; mais, au lieu que
nos petites tresses d'osier se lient avec l'o-
sier même, celles du bambou sont liées
avec de la soie torse qui représente des
fleurs; et ce travail, qui est fort délicat,
demande beaucoup de patience: l'effet de
ces nattes est d'empêcher que les chevaux
ne soient tourmentés des mouches; chacun
a d'ailleurs deux palefreniers, dont l'un ne
s'occupe qu'à l'éventer. Devant les portiques, comme devant les portes des écuries,
on met aussi des nattes, qui se lèvent et
qui se baissent suivant le besoin; et le bas
de la galerie est couvert de fort beaux tapis
qu'on retire le soir, pour faire dans le
même lieu la litière des chevaux : elle ne
se fait que de leur fiente, qu'on écrase un
peu après l'avoir fait sécher au soleil. Les
chevaux qui passent aux Indes, de Perse

ou d'Arabie, ou du pays des Ousbeks, trouvent un grand changement dans leur nourriture. Dans l'Indoustan comme dans le reste des Indes, on ne connaît ni le foin ni l'avoine. Chaque cheval reçoit le matin, pour sa portion, deux ou trois pelotes composées de farine de froment et de beurre, de la grosseur de nos pains d'un sou. Ce n'est pas sans peine qu'on les accoutume à cette nourriture, et souvent on a besoin de quatre à cinq mois pour leur en faire prendre le goût : le palefrenier leur tient la langue d'une main, et de l'autre il leur fourre la pelote dans le gosier. Dans la saison des cannes à sucre ou du millet, on leur en donne à midi ; le soir, une heure ou deux avant le coucher de soleil, ils ont une mesure de pois chiches, écrasés entre deux pierres et trempés dans de l'eau.

Tavernier partit d'Agra le 25 novembre 1665, pour visiter quelques villes de l'empire, avec Bernier, auquel il donne le titre de médecin de l'empereur. Le 1er décembre, ils rencontrèrent cent quarante charrettes, tirées

chacune par six bœufs, et chacune portant
cinquante mille roupies : c'était le revenu de
la province de Bengale, qui, toutes charges
payées, et la bourse du gouverneur remplie,
montait à cinq millions cinq cent mille roupies. Près de la petite ville de Djeanabad, ils
virent un rhinocéros qui mangeait des cannes
de millet. Il les recevait de la main d'un petit garçon de neuf ou dix ans; et Tavernier
en ayant pris quelques-unes, cet animal
s'approcha de lui pour les recevoir aussi de la
de la sienne.

Les deux voyageurs arrivèrent à Alem-
khand. A deux cosses de ce bourg on rencontre le fameux fleuve du Gange. Bernier parut
fort surpris qu'il ne fût pas plus large que
la Seine devant le Louvre. Il y a même si peu
d'eau depuis le mois de mars jusqu'au mois
de juin ou de juillet, c'est-à-dire, jusqu'à la
saison des pluies, qu'il est impossible aux ba-
teaux de remonter. En arrivant sur ses bords,
les deux Français burent un verre de vin
dans lequel ils mirent de l'eau de ce fleuve,
qui leur causa quelques tranchées. Leurs valets, qui la burent seule, en furent beaucoup

plus tourmentés. Aussi les Hollandias, qui ont des comptoirs sur les rives du Gange, ne boivent-ils jamais de cette eau sans l'avoir fait bouillir. L'habitude la rend si saine pour les habitans du pays, que l'empereur même et toute la cour n'en boivent point d'autre. On voit continuellement un grand nombre de chameaux sur lesquels on vient charger de l'eau du Gange.

Allahabad, où l'on arrive à neuf cosses d'Alemkband, est une grande ville bâtie sur une pointe de terre où se joignent le Gange et la Djemna. Le château, qui est de pierres de taille, et ceint d'un double fossé, sert de palais au gouverneur. C'était alors un des plus grands seigneurs de l'empire : sa mauvaise santé l'obligeait d'entretenir plusieurs médecins indiens et persans, entre lesquels était Claude Maillé, Français, né à Bourges, et qui exerçait tout à la fois la médecine et la chirugie. Le premier de ses médecins persans jeta un jour sa femme du haut d'une terrasse en bas, dans un transport de jalousie; elle ne se rompit heureusement que deux ou trois côtes : ses parens demandèrent jus-

tice au gouverneur, qui fit venir le médecin,
et qui le congédia. Il n'était qu'à deux ou
trois journées de la ville, lorsque le gouverneur, se trouvant plus mal, l'envoya rappe-
ler. Alors ce furieux poignarda sa femme
et quatre enfans qu'il avait d'elle, avec treize
filles esclaves ; après quoi il revint trouver le
gouverneur, qui, feignant d'ignorer son
crime, ne fit pas difficulté de le reprendre
à son service.

Sous le grand portail de la pagode de Banaron, un des principaux bramines se tient
assis près d'une grande cuve remplie d'eau,
dans laquelle on a délayé quelque matière
jaune. Tous les banians viennent se présenter à lui pour recevoir une empreinte de
cette couleur, qui leur descend entre les
deux yeux et sur le bout du nez, puis sur
les bras et devant l'estomac : c'est à cette
marque qu'on reconnaît ceux qui se sont la-
vées de l'eau du Gange, car, lorsqu'ils n'ont
employé que de l'eau de puits dans leurs
maisons, ils ne se croient pas bien purifiés,
ni par conséquent en état de manger sainte-
ment. Chaque tribu a son onction de diffé-

rente couleur ; mais l'onction jaune est celle
de la tribu la plus nombreuse, et passe aussi
pour la plus pure.

Assez près de la pagode, du côté qui regarde
l'ouest, Djesseing, le plus puissant des radjas
idolâtres, avait fait bâtir un collége pour l'é-
ducation de la jeunesse. Tavernier y vit deux
enfans de ce prince dont les précepteurs
étaient des bramines, qui leur enseignaient
à lire et à écrire dans un langage fort diffé-
rent de celui du peuple. La cour de ce collége est environnée d'une double galerie, et
c'était dans la plus basse que les deux princes
recevaient leurs leçons, accompagnés de
plusieurs jeunes seigneurs et d'un grand
nombre de bramines, qui traçaient sur la
terre, avec de la craie, diverses figures de
mathématiques. Aussitôt que Tavernier fut
entré, ils envoyèrent demander qui il était ;
et sachant qu'il était Français, ils le firent
approcher pour lui faire plusieurs questions
sur l'Europe, et particulièrement sur la
France. Un bramine apporta deux globes,
dont les Hollandais lui avaient fait présent.
Tavernier leur en fit distinguer les parties,

et leur montra la France. Après quelques
autres questions, on lui servit le bétel. Mais
il ne se retira point sans avoir demandé à
quelle heure il pouvait voir la pagode du
collège. On lui dit de revenir le lendemain,
un peu avant le lever du soleil : il ne man-
qua point de se rendre à la porte de cette
pagode, qui est aussi l'ouvrage de Djesseing,
et qui se présente à gauche en entrant dans
la cour. Devant la porte on trouve une espèce de galerie, soutenue par des piliers, qui
était déjà remplie par un grand nombre d'a-
dorateurs. Huit bramines s'avancèrent l'en-
censoir à la main, quatre de chaque côté de
la porte, au bruit de plusieurs tambours et
de quantité d'autres instrumens. Deux des
plus vieux bramines entonnèrent un canti-
que. Le peuple suivit, et les instrumens ac-
compagnaient les voix. Chacun avait à la
main une queue de paon, ou quelque autre
éventail, pour chasser les mouches au moment où la pagode devait s'ouvrir. Cette musique et l'exercice des éventails durèrent
plus d'une demi-heure. Enfin les deux principaux bramines firent entendre trois fois

deux grosses sonnettes qu'ils prirent d'une main, et de l'autre ils frappèrent avec une espèce de petit maillet contre la porte. Elle fut ouverte aussitôt par six bramines qui étaient dans la pagode. Tavernier découvrit alors sur un autel, à sept ou huit pas de la porte, la grande idole de Ram-Khan, qui passe pour la sœur de Morli-Ram. A sa droite, il vit un enfant, de la forme d'un Cupidon, que les banians nomment Lokemin, et sur son bras gauche une petite fille, qu'ils appellent Sita. Aussitôt que la porte fut ouverte, et qu'on eut tiré un grand rideau qui laissa voir l'idole, tous les assistans se jetèrent à terre en mettant les mains sur leurs têtes, et se prosternèrent trois fois. Ensuite, s'étant relevés, ils jetèrent quantité de bouquets et de chaînes en forme de chapelets, que les bramines faisaient toucher à l'idole et rendaient à ceux qui les avaient présentés. Un vieux bramine qui était devant l'autel tenait à la main une lampe à neuf mèches allumées, sur lesquelles il jetait par intervalles une sorte d'encens, en approchant la lampe fort près de l'idole. Après toutes ces cérémo-

XIII. 7

nies, qui durèrent l'espace d'une heure, on
fit retirer le peuple, et la pagode fut fermée.
On avait présenté à Ram-Khan quantité de
riz, de beurre, d'huile et de laitage, dont
les bramines n'avaient laissé rien perdre.
Comme l'idole représente une femme, elle
est particulièrement invoquée de ce sexe,
qui la regarde comme sa patrone. Djesseing,
pour la tirer de la grande pagode, et lui donner un autel dans la sienne, avait employé,
tant en présens pour les bramines qu'en aumônes pour les pauvres, plus de cinq laks
de roupies, qui font sept cent cinquante
mille livres de notre monnaie.

A cinq cents pas de Banaron, au nord-
ouest, Tavernier et Bernier visitèrent une
mosquée où l'on montre plusieurs tombeaux
mahométans, dont quelques-uns sont d'une
fort belle architecture. Les plus curieux sont
dans un jardin fermé de murs, qui laissent
des jours par où ils peuvent être vus des
passans. On en distingue un qui compose
une grande masse carrée, dont chaque face
est d'environ quinze pas. Au milieu de cette
plate-forme s'élève une colonne de trente-

quatre ou trente-cinq pieds de haut, tout
d'une pièce, et que trois hommes pourraient
à peine embrasser. Elle est d'une pierre grisâtre si dure, que Tavernier ne put la gratter
avec un couteau. Elle se termine en pyramide, avec une grosse boule sur la pointe,
et un cercle de gros grains au-dessous de la
boule. Toutes les faces sont couvertes de figures d'animaux en relief. Plusieurs vieil-
lards qui gardaient le jardin assurèrent Tavernier que ce beau monument avait été
beaucoup plus élevé, et que depuis cinquante ans il s'était enfoncé de plus de trente
pieds. Ils ajoutèrent que c'était la sépulture
d'un roi de Boutan, qui était mort dans le
pays après être sorti du sien pour en faire la
conquête.

Patna, une des plus grandes villes de
l'Inde, est située sur la rive occidentale du
Gange. Tavernier ne lui donne guère moins
de deux cosses de longueur. Les maisons n'y
sont pas plus belles que dans la plupart des
autres villes indiennes, c'est-à-dire qu'elles
sont couvertes de chaume ou de bambou. La
compagnie hollandaise s'y est fait un comp-

toir pour le commerce du salpêtre, qu'elle
fait raffiner à Tchoupar, gros village situé
aussi sur la rive droite du Gange, dix cosses
an-dessus de Patna. La liberté règne dans
cette ville, au point que Tavernier et Bernier, ayant rencontré, en arrivant, les Hollandais de Tchoupar qui retournaient chez
eux dans leurs voitures, s'arrêtèrent pour
vider avec eux quelques bouteilles de vin de
Chypre en pleine rue. Pendant huit jours
qu'ils passèrent à Patna, ils furent témoins
d'un événement qui leur fit perdre l'opinion
où ils étaient que certains crimes étaient
impunis dans le mahométisme. Un mimba-
chi, qui commandait mille hommes de pied,
voulait abuser d'un jeune garçon qu'il avait
à son service, et qui s'était défendu plusieurs
fois contre ses attaques. Il saisit, à la campagne, un moment qui le fit triompher de
toutes les résistances du jeune homme. Celui-ci, outré de douleur, prit aussi son
temps pour se venger. Un jour qu'il était à
la chasse avec son maître, il le surprit à l'é-
cart, et d'un coup de sabre il lui abattit la
tête. Aussitôt il courut à bride abattue vers

la ville en criant qu'il avait tué son maître
pour se venger du plus infâme outrage. Il
alla faire la même déclaration au gouverneur,
qui le fit jeter d'abord en prison, mais,
après de justes éclaircissemens, il obtint la
liberté, et, malgré les sollicitations de la famille du mort, aucun tribunal n'osa le pour-
suivre, dans la crainte d'irriter le peuple,
qui applaudissait hautement son action.

A Patna, les deux voyageurs prirent un
bateau sur le Gange pour descendre à Daca.
Après quelques jours de navigation, Tavernier eut le chagrin de se séparer du compa-
gnon de son voyage, qui, devant se rendre
à Casambazar, et passer de là jusqu'à Ougli,
se vit forcé de prendre par terre. Un grand
banc de sable, qui se trouve devant la ville
de Soutiqui, ne permet pas de faire cette
route par eau lorsque la rivière est basse.
Ainsi, pendant que Bernier prit son chemin
par terre, Tavernier continua de descendre
le Gange jusqu'à Toutipour, qui est à deux
cosses de Raghi-Mehalé. Ce fut dans ce lieu
qu'il commença le lendemain, au lever du
soleil, à voir un grand nombre de crocodiles

7*

couchés sur le sable. Pendant tout le jour,
jusqu'au bourg d'Acerit, qui est à vingt-
cinq cosses de Toutipour, il ne cessa pas
d'en voir une si grande quantité, qu'il lui
prit envie d'en tirer un, pour essayer s'il est
vrai, comme on le croit aux Indes, qu'un
coup de fusil ne leur fait rien. Le coup lui
donna dans la mâchoire, et lui fit couler du
sang, mais il ne s'en retira pas moins dans
la rivière. Le lendemain, on n'en aperçut
pas un moindre nombre, qui étaient couchés sur le bord de la rivière, et l'auteur en
tira deux, de trois balles à chaque coup.
Au même instant, ils se renversèrent sur le
dos en ouvrant la gueule, et tous deux moururent dans le même lieu.

Daca est une grande ville qui ne s'étend
qu'en longueur, parce que les habitans ne
veulent pas être éloignés du Gange. Elle a
plus de deux cosses, sans compter que, depuis le dernier pont de brique, on ne rencontre qu'une suite de maisons écartées l'une
de l'autre, et la plupart habitées par des
charpentiers, qui construisent des galéasses
et d'autres bâtimens. Toutes ces maisons,

ont Tavernier n'excepte point celles de Da-
a, ne sont que de mauvaises cabanes com-
osées de terre grasse et de bambou. Le pa-
lis même du gouverneur est de bois ; mais
l loge ordinairement sous des tentes qu'il
lit dresser dans une cour de son enclos.
.es Hollandais et les Anglais ne jugeant
oint leurs marchandises en sûreté dans les
difices de Daca, se sont fait bâtir d'assez
eaux comptoirs. On y voit aussi une fort
elle église de brique, dont les pères augus-
ins sont en possession. Tavernier observe,
l'occasion des galéasses qui se font à Daca,
u'on est étonné de leur vitesse. Il s'en fait
le si longues, qu'elles ont jusqu'à cinquante
ames de chaque côté, mais on ne met que
leux hommes à chaque rame. Quelques-unes
ont fort ornées. L'or et l'azur y sont prodi-
gués.

On lit dans une autre partie de sa relation
qu'étant allé au palais pour prendre congé
le l'empereur avant de quitter sa cour, ce
monarque lui fit dire qu'il ne voulait pas le
laisser partir sans lui montrer ses joyaux.
Le lendemain, de grand matin, cinq ou six

officiers vinrent l'avertir que l'empereur le
demandait. Il se rendit au palais, où les
courtiers des joyaux le présentèrent à sa majesté, et le menèrent ensuite dans une petite
chambre qui est au bout de la salle où l'empereur était sur son trône, et d'où il pouvait
les voir.

Akel-Khan, chef du trésor des joyaux,
était déjà dans cette chambre. Il donna ordre à quartre eunuques de la cour d'aller
chercher les joyaux, qu'ils apportèrent dans
deux grands plats de bois lacrés, avec des
feuilles d'or, et couverts de petits tapis faits
exprès, l'un de velours rouge, l'autre de
velours vert en broderie. On les découvrit :
on compta trois fois toutes les pièces ; trois
écrivains en firent la liste. Les Indiens observent toutes ces formalités avec autant de
patience que de circonspection ; et s'ils voient
quelqu'un qui se presse trop ou qui se fâche,
ils les regardent sans rien dire, en riant de
sa chaleur comme d'une extravagance.

La première pièce qu'Akel-Khan mit entre
les mains de Tavernier fut un grand diamant, qui est une rose ronde, fort haute

d'un côté. A l'arête d'en bas, on voit un petit cran dans lequel on découvre une petite glace. L'eau en est belle. Il pèse trois cent dix-neuf ratis et demi, qui font deux cent quatre-vingts de nos carats. C'est un présent que Mirghimola fit à l'empereur Schah-Djehan lorsqu'il vint lui demander une retraite à sa cour, après avoir trahi le roi de Golconde son maître. Cette pierre était brute, et pesait alors neuf cents ratis, qui font sept cent quatre-vingts carats et demi. Elle avait plusieurs glaces. En Europe on l'aurait gouvernée fort différemment, c'est-à-dire qu'on en aurait tiré de bons morceaux, et qu'elle serait demeurée plus pesante. Schah-Djehan la fit tailler par un Vénitien nommé Hortensio Borgis, mauvais lapidaire qui se trouvait à la cour. Aussi fut-il mal récompensé. On lui reprocha d'avoir gâté une si belle pierre, qu'on aurait pu conserver dans un plus grand poids, et dont Tavernier ajoute qu'il aurait pu tirer quelque bon morceau sans en faire tort à l'empereur. Il ne reçut pour prix de son travail que dix mille roupies.

Après avoir admiré ce beau diamant, et
l'avoir remis entre les mains d'Akel-Khan,
Tavernier en vit un autre en poire, de fort
bonne forme et de belle eau, avec trois autres
diamans à table, deux nets, et l'autre qui a
de petits points noirs. Chacun pèse cinquante-cinq à soixante ratis, et la poire soixante deux et demi ; ensuite on lui montra
un joyau de douze diamans, chaque pierre
de quinze à seize ratis, et toutes roses. Celle
du milieu est une rose en cœur, de belle
eau, mais avec trois petites glaces ; et cette
rose peut peser trente-cinq à quarante ratis.
On lui fit voir un autre joyau de dix-sept
diamans, moitié table, moitié rose, dont le
plus grand ne pèse pas plus de sept ou huit
ratis, à la réserve de celui du milieu, qui
peut en peser seize. Toutes ces pierres sont
de la première eau, nettes, de bonne forme,
et les plus belles qui se puissent trouver.

Deux grandes perles en poire, l'une d'environ soixante-dix ratis, un peu plate des
deux côtés, de belle eau et de bonne forme ;
un bouton de perle de cinquante-cinq à soixante ratis, de bonne forme et de belle eau ;

une perle ronde, belle en perfection, un
peu plate d'un côté, et de cinquante-six ratis ; c'est un présent au grand-mogol, de
Schah-Abas II, roi de Perse ; trois autres
perles rondes, chacune de vingt-cinq à vingt-
huit ratis, mais dont l'eau tire sur le jaune ;
une perle de parfaite rondeur, pesant trente-
six ratis et demi, d'une eau vive, blanche,
et de la plus haute perfection ; c'était le seul
joyau qu'Aureng-Zeb eût acheté par admiration pour sa beauté ; tout le reste lui venait
en grande partie de Daracha, son frère aîné,
dont il avait eu la dépouille après lui avoir fait
couper la tête, en partie des présens qu'il avait
reçus depuis qu'il était monté sur le trône. Ce
prince avait moins d'inclination pour les pierreries que pour l'or et l'argent : tels sont les bijoux que l'on mit entre les mains de Tavernier,
en lui laissant tout le temps de satisfaire sa
curiosité. Il vit encore deux autres perles parfaitement rondes et égales, qui pèsent chacune vingt-cinq ratis et un quart. L'une est
un peu jaune ; mais l'autre est d'une eau
très-vive, et la plus belle qui soit au monde.
Il est vrai que le prince arabe qui a pris

Mascate sur les Portugais en a une qui passe pour la première en beauté ; mais quoiqu'elle soit parfaitement ronde, et d'une blancheur si vive, qu'elle en est comme transparente ; elle ne pèse que quatorze carats. L'Asie a peu de monarques qui n'aient sollicité ce prince de leur vendre une perle si rare.

Tavernier admira deux chaînes, l'une de perles et de rubis de diverses formes, percés comme les perles ; l'autre de perles et d'émeraudes rondes et percées. Toutes les perles sont de plusieurs eaux, et chacune de dix ou douze ratis. Le milieu de la chaîne de rubis offre une grande émeraude de vieille roche, taillée au cadran et fort haute en couleur, mais avec plusieurs glaces. Elle pèse environ trente ratis. Au milieu de la chaîne d'émeraudes, on admire une améthyste orientale à table longue, d'un poids d'environ quarante ratis, et belle en perfection.

Un rubis balais cabochon, de belle couleur, et percé par le haut, qui pèse dix mescals, dont six font une once ; un autre rubis cabochon, parfait en couleur, mais un peu glacé et percé plus haut, du poids de

douze mescals ; une topaze orientale, de
couleur fort haute, taillée à huit pans, qui
pèse six mescals, mais qui a d'un côté un
petit nuage blanc ; tels étaient les plus précieux joyaux du grand mogol. Tavernier
vante l'honneur qu'il eut de les voir et de
les tenir tous dans sa main, comme une faveur qu'aucun autre Européen n'avait jamais
obtenue.

Tavernier, entre plusieurs observations
sur Goa, qui lui sont communes avec les autres voyageurs, remarque particulièrement
que le port de Goa, celui de Constantino-
ple et celui de Toulon, sont les trois plus
beaux du grand continent de notre ancien
monde. « Avant que les Hollandais, dit-il,
» eussent abattu la puissance des Portugais
» dans les Indes, on ne voyait à Goa que de
» la richesse et de la magnificence ; mais,
» depuis que les sources d'or et d'argent ont
» changé de maître, l'ancienne splendeur
» de cette ville a disparu. A mon second
» voyage, ajoute Tavernier, je vis des gens,
» que j'avais connus riches de deux mille
» écus de rente, venir le soir, en cachette,

XIII. 8

» me demander l'aumône, sans rien rabat-
» tre néanmoins de leur orgueil, surtout les
» femmes, qui viennent en palekis, et qui
« demeurent à la porte, tandis qu'un valet
» qui les accompagne vient vous faire un
» compliment de leur part. On leur envoie
» ce qu'on veut, ou bien on le porte soi-
» même, quand on a la curiosité de voir
» leur visage ; ce qui arrive rarement, parce
» qu'elles se couvrent la tête d'un voile ;
» mais elles présentent ordinairement un
» billet de quelque religieux qui les recom-
» mande, et qui rend témoignage de leurs
» richesses passées, en exposant leur misère
» présente. Ainsi le plus souvent on entre
» en discours avec la belle ; et, par hon-
» neur, on la prie d'entrer pour faire une
» collation, qui dure quelquefois jusqu'au
» lendemain. Il est constant, ajoute encore
» Tavernier, que, si les Hollandais n'étaient
» pas venus aux Indes, on ne trouverait pas
» aujourd'hui, chez la plupart des Portugais
» de Goa un morceau de fer, parce que tout
» y serait d'or ou d'argent. »

Le vice-roi, l'archevêque et le grand-inquisiteur, auxquels Tavernier rendit ses premiers devoirs, le reçurent avec d'autant plus de civilité, que ses visites étaient toujours accompagnées de quelque présent. C'était don Philippe de Mascarenhas qui gouvernait alors les Indes portugaises. Il n'admettait personne à sa table, pas même ses enfans ; mais, dans la salle où il mangeait, on avait ménagé un petit retranchement où l'on mettait le couvert pour les principaux officiers et pour ceux qu'il invitait ; ancien usage d'un temps dont il ne restait que la fierté. Le grand-inquisiteur, chez lequel Tavernier s'était présenté, s'excusa d'abord sur ses affaires, et lui fit dire ensuite qu'il l'entretiendraient dans la maison de l'inquisition, quoiqu'il eût son palais dans un autre quartier. Cette affectation pouvait lui causer quelque défiance, parce qu'il était protestant. Cependant il ne fit aucune difficulté d'entrer dans l'inquisition à l'heure marquée. Un page l'introduisit dans une grande salle, où il demeura seul l'espace d'un quart d'heure, Enfin un officier qui vint le prendre le fit passer par deux grandes galeries et par quel-

ques appartemens, pour arriver à une petite
chambre où l'inquisiteur l'attendait, assis
au bout d'une grande table en forme de bil-
lard. Tout l'ameublement, comme la table,
était couvert de drap vert d'Angleterre.
Après le premier compliment, l'inquisiteur
lui demanda de quelle religion il était. Il répondit qu'il faisait profession de la religion
protestante. La seconde question regarda
son père et sa mère, dont on voulut savoir
aussi la religion : et lorsqu'il eut répondu
qu'ils étaient protestans comme lui, l'inquisiteur l'assura qu'il était le bienvenu,
comme s'il eût été justifié par le hasard de
sa naissance. Alors l'inquisiteur cria qu'on
pouvait entrer. Un bout de tapisserie qui
fut levé au coin de la chambre fit paraître
aussitôt dix à douze personnes qui étaient
dans la chambre voisine. C'étaient deux religieux augustins, deux dominicains, deux
carmes et d'autres ecclésiastiques, à qui l'inquisiteur apprit d'abord que Tavernier était
né protestant, mais qu'il n'avait avec lui
aucun livre défendu, et que, sachant les
ordres du tribunal, il avait laissé sa Bible à

Mengrela. L'entretien devint fort agréable,
et roula sur les voyages de Tavernier, dont
toute l'assemblée parut entendre volontiers le
récit. Trois jours après, l'inquisiteur le fit
prier à dîner avec lui, dans une fort belle
maison qui est à une demi-lieue de la ville,
et qui appartient aux carmes déchaussés.
C'est un des plus beaux édifices de toutes
les Indes. Un gentilhomme portugais, dont
le père et l'aïeul s'étaient enrichis par le
commerce, avait fait bâtir cette maison, qui
peut passer pour un beau palais. Il vécut
sans goût pour le mariage; et, s'étant livré
à la dévotion, il passait la plus grande partie de sa vie chez les augustins, pour lesquels il conçut tant d'affection, qu'il fit un
testament par lequel il leur donnait tout son
bien, à condition qu'après sa mort ils lui éle-
vassent un tombeau au côté droit du grand
autel. Quelques-uns de ces religieux lui ayant
représenté que cette place ne convenait qu'à
un vice-roi, et l'ayant prié d'en choisir une
autre, il fut si piqué de cette proposition,
qu'il cessa de voir les augustins; et sa dévotion s'étant tournée vers les carmes, qui le

8*

reçurent à bras ouverts, il leur laissa son
héritage à la même condition,

Tavernier, voulant visiter l'île de Java,
résolut de porter des pierreries au roi de
Bantam. Il trouva ce prince assis à la manière des Orientaux, avec trois des principaux seigneurs de la cour. Ils avaient devant
eux cinq grands plats de riz de différentes
couleurs, du vin d'Espagne, de l'eau-de-
vie, et plusieurs espèces de sorbets. Aussitôt
que Tavernier eut salué le roi, en lui faisant
présent d'un anneau de diamans, et d'un
petit bracelet de diamans, de rubis et de saphirs bleus, ce prince lui commanda de s'asseoir, et lui fit donner une tasse d'eau-de-
vie, qui ne contenait pas moins d'un demi-
setier. Il parut étonné du refus que Tavernier fit de toucher à cette liqueur; et lui
ayant fait servir du vin d'Espagne, il ne tar-
da guère à se lever, dans l'impatience de
voir les joyaux. Il alla s'asseoir dans un fauteuil dont le bois était doré comme les bor-
dures de nos tableaux, et qui était placé sur
un petit tapis de Perse d'or et de soie. Son
habit était une pièce de toile, dont une par-

tic lui couvrait le corps depuis la ceinture
jusqu'aux genoux, et le reste était rejeté
derrière son dos en manière d'écharpe. Il
avait les pieds et les jambes nus. Autour de
sa tête une sorte de mouchoir à trois pointes
formait un bandeau. Ses cheveux, qui paraissaient fort longs, étaient liés par-dessus.
On voyait à côté du fauteuil une paire de
sandales, dont les courroies étaient brodées
d'or et parsemées de petites perles. Deux de
ses officiers se placèrent derrière lui avec de
gros éventails dont les bâtons étaient longs
de cinq à six pieds, terminés par un fais-
ceau de plumes de paon, de la grosseur d'un
tonneau. A la droite, une vieille femme
noire tenait dans ses mains un petit mortier
et un pilon d'or, où elle pilait des feuilles de
bétel, parmi lesquelles elle mêlait des noix
d'arek, avec de la semence de perles qu'on
y avait fait dissoudre. Lorsqu'elle en voyait
quelque partie bien préparée, elle frappait
de la main sur le dos du roi, qui ouvrait
aussitôt la bouche, et qui recevait ce qu'elle
y mettait avec le doigt comme on donne de
la bouillie aux enfans. Il avait mâché tant

de bétel et bu tant de tabac, qu'il avait perdu toutes ses dents.

Son palais ne faisait pas honneur à l'habileté de l'architecte. C'était un espace carré, ceint d'un grand nombre de petits piliers revêtus de différens vernis, et d'environ deux pieds de haut. Quatre piliers plus gros faisaient les quatre coins, à quarante pieds de distance. Le plancher était couvert d'une natte tissue de l'écorce d'un certain arbre dont aucune sorte de vermine n'approche jamais; et le toit était de simples branches de cocotier. Assez proche, sous un autre toit, soutenu aussi par quatre gros piliers, on voyait seize éléphans. La garde royale, qui était d'environ deux mille hommes, était assise par bandes à l'ombre de quelques arbres. Tavernier ne prit pas une haute opinion du logement des femmes. La porte paraissait fort mauvaise, et l'enceinte n'était qu'une sorte de palissade entremêlée de terre et de fiente de vache. Deux vieilles femmes noires en sortirent successivement pour venir prendre de la main du roi les joyaux de Tavernier, qu'elles allaient mon-

trer apparemment aux dames. Il observa
qu'elles ne rapportaient rien ; d'où il conclut qu'il devait tenir ferme pour le prix.
Aussi vendit-il fort avantageusement tout
ce qui était entré au sérail , avec la satisfaction d'être payé sur-le-champ.

Dans un autre voyage qu'il fit à la même
cour, il ne tira pas moins d'avantage de
tout ce qu'il y avait porté pour le roi. Mais
sa vie fut exposée au dernier danger par
la fureur d'un Indien mahométan qui revenait de la Mecque. Il passait avec son frère
et un chirurgien hollandais dans un chemin où d'un côté on a la rivière, et de
l'autre un grand jardin fermé de palissades,
entre lesquelles il reste des intervalles ouverts. L'assassin, qui était armé d'une pique, et caché derrière les palissades, poussa
son arme pour l'enfoncer dans le corps
d'un des trois étrangers. Il fut trop prompt,
et la pointe leur passa devant le ventre à
tous trois, ou du moins elle ne toucha qu'au
vaste haut-de-chausses du chirurgien hollandais, qui saisit aussitôt le bois de la
pique ; Tavernier le prit aussi de ses deux

mains, tandis que son frère, plus jeune et plus dispos, sauta par-dessus la palissade, et perça l'Indien de trois coups d'épée dont il mourut sur-le-champ. Aussitôt quantité de Chinois et d'Indiens idolâtres, qui se trouvaient aux environs, vinrent baiser les mains au capitaine Tavernier en applaudissant à son action. Le roi même, qui en fut bientôt informé, lui fit présent d'une ceinture, comme d'un témoignage de sa reconnaissance. Tavernir jette plus de jour sur une aventure si singulière. Les pèlerins javans, de l'ordre du peuple, surtout les fakirs qui vont à la Mecque, s'arment ordinairement à leur retour de leur crit, espèce de poignard dont la moitié de la lame est empoisonnée ; et quelques-uns s'engagent par vœu à tuer tout ce qu'ils rencontreront d'infidèles, c'est-à-dire de gens opposés à la loi de Mahomet. Ces fanatiques exécutent leur résolution avec une rage incroyable, jusqu'à ce qu'ils soient tués eux-mêmes. Alors ils sont regardés comme saints par toute la populace, qui les enterre avec beaucoup de cérémonies, et qui contribue volontairement à leur élever de magnifiques tombeaux. Quelque dervis se construit une hutte auprès du monument, et se consacre pour toute sa vie à le tenir propre, avec le soin continuel d'y jeter des fleurs. Les ornemens croissent avec les aumônes, parce que plus la sépulture est belle, plus la dévotion augmente avec l'opinion de sa sainteté.

Tavernier raconte une autre aventure du même genre qui fait frémir. « Je me souviens, dit-il, qu'en 1642 il arriva au port de Surate un vaisseau du grand-mogol revenant de la Mecque, où il y avait quantité de ces fakirs ; car tous les ans ce monarque envoie deux grands vaisseaux à la Mecque pour y porter gratuitement les pèlerins. Ces bâtimens sont chargés d'ailleurs de bonnes marchandises qui se vendent, et dont le profit est pour eux. On ne rapporte que le principal, qui sert pour l'année suivante, et qui est au moins de six cent mille roupies. Un des fakirs qui revenait alors ne fut pas plus tôt descendu à terre, qu'il donna des marques d'une furie

diabolique: Après avoir fait sa prière, il prit
son poignard, et courut se jeter au milieu
de plusieurs matelots hollandais, qui faisaient décharger les marchandises de quatre
vaisseaux qu'ils avaient au port. Cet en-
ragé, sans leur laisser le temps de se reconnaître, en frappa dix-sept, dont treize
moururent. Il était armé d'un cangiar,
sorte de poignard dont la lame a trois
doigts de large par le haut. Enfin le soldat
hollandais qui était en sentinelle à l'entrée
de la tente des marchands lui donna au
milieu de l'estomac un coup de fusil dont
il tomba mort. Aussitôt tous les autres
fakirs qui se trouvèrent dans le même lieu,
accompagnés de quantité d'autres mahométans, prirent le corps et l'enterrèrent. Dans
l'espace de quinze jours il eut une belle
sépulture. Elle est renversée tous les ans
par les matelots anglais et hollandais, pendant que leurs vaisseaux sont au port,
parce qu'ils sont les plus forts; mais à
peine sont-ils partis, que les mahométans
la font rétablir, et qu'ils y plantent des
enseignes. »

Tavernier s'était proposé de passer à Batavia les trois mois qui restaient jusqu'au
départ des vaisseaux pour l'Europe ; mais
l'ennuyeuse vie qu'on y mène, sans autre
amusement, dit-il, que de jouer et de
boire, lui fit prendre la résolution d'employer
une partie de ce temps à visiter la cour du
roi de Japara, qu'on nomme aussi l'empereur de la Jave. L'île entière était autrefois
réunie sous sa domination, avant que le roi
de Bantam, celui de Jacatra, et d'autres princes qui n'étaient que ses gouverneurs, eussent secoué le joug de leur soumission. Les
Hollandais ne s'étaient d'abord maintenus
dans le pays que par la division de toutes
ces puissances. Lorsque le roi de Japara s'é-
tait disposé à les attaquer, le roi de Bantam
les avait secourus ; et le premier, au con-
traire, s'était empressé de les aider lorsqu'ils avaient été menacés de l'autre. Aussi,
quand la guerre s'élevait entre ces deux princes, les Hollandais prenaient toujours parti
pour le plus faible.

Le roi de Japara fait sa résidence dans
une ville dont son état porte le nom ; éloi-

gnée de Batavia d'environ trente lieues, on n'y va que par mer, le long de la côte, d'où l'on fait ensuite près de huit lieues dans les terres, par une belle rivière qui remonte jusqu'à la ville ; le port, qui est fort bon, offre de plus belles maisons que la ville, et serait la résidence ordinaire du roi, s'il s'y croyait en sûreté ; mais, ayant conçu, depuis l'établissement de Batavia, une haine mortelle pour les Hollandais, il craint de s'exposer à leurs attaques dans un lieu qui n'est pas propre à leur résister. Tavernier raconte un sujet d'animosité plus récent, tel qu'il l'avait appris d'un conseiller de Batavia. Le roi, père de celui qui régnait alors, n'avait jamais voulu entendre parler de paix avec la compagnie ; il s'était saisi de quelques Hollandais. La compagnie, qui, par représailles, lui avait enlevé un beaucoup plus grand nombre de ses sujets, lui fit offrir inutilement de lui rendre dix prisonniers pour un ; l'offre des plus grandes sommes n'eut pas plus de pouvoir sur sa haine ; et se voyant au lit de mort, il avait recommandé à son fils de ne jamais rendre la liberté aux Hollandais qu'il

tenait captifs, ni à ceux qui tomberaient
entre ses mains. Cette opiniâtreté fit chercher
au grand-général de Batavia quelque moyen
d'en tirer raison. C'est l'usage, après la mort
d'un roi mahométan, que celui qui lui suc-
cède envoie quelques seigneurs de sa cour à
la Mecque avec des présens pour le prophète;
ce devoir fut embarrassant pour le nouveau
roi, qui n'avait que de petits vaisseaux, et
qui n'ignorait pas que les Hollandais cher-
chaient sans cesse l'occasion de les enlever,
Il prit la résolution de s'adresser aux Anglais
de Bantam, dans l'espérance que les Hollandais respecteraient un vaisseau de cette nation. Le président anglais lui en promit un
des plus grands et des mieux montés que sa
compagnie eût jamais envoyés dans ces mers
à condition qu'elle ne paierait désormais que
la moitié des droits ordinaires du commerce
sur les terres de Japara. Ce traité fut signé
solennellement, et les Anglais équipèrent
en effet un fort beau vaisseau, sur lequel ils
mirent beaucoup de monde et d'artillerie. Le
roi, charmé de le voir entrer dans son port,
ne douta pas que ses envoyés ne fissent le

voyage de la Mecque en sûreté. Neuf des
principaux seigneurs de sa cour, dont la plupart lui touchaient de près par le sang,
s'embarquèrent avec un cortége d'environ
cent personnes, sans y comprendre quantité
de particuliers qui saisirent une occasion si
favorable pour faire le plus saint pèlerinage
de leur religion : mais ces préparatifs ne purent tromper la vigilance des Hollandais.
Comme il faut passer nécessairement devant
Bantam pour sortir du détroit, les officiers
de la compagnie avaient eu le temps de faire
préparer trois gros vaisseaux de guerre, qui
rencontrèrent le navire anglais vers Bantam,
et qui lui envoyèrent d'abord une volée de
canon pour l'obliger d'amener ; ensuite, paraissant irrités de sa lenteur, ils commencèrent à faire jouer toute leur artillerie. Les
Anglais, qui se virent en danger d'être coulés à fond, baissèrent leurs voiles et voulurent se rendre ; mais les seigneurs japarois,
et tous les Javans qui étaient à bord, les traitèrent de perfides, et leur reprochèrent de
n'avoir fait un traité avec le roi leur maître,
que pour les livrer à leurs ennemis ; enfin,

perdant l'espérance d'échapper aux Hollandais qu'ils voyaient prêts à les aborder, ils tirèrent leurs poignards et se jetèrent sur les Anglais, dont ils tuèrent un grand nombre avant qu'ils fussent en état de se défendre. Ils auraient peut-être massacré jusqu'au dernier, si les Hollandais n'étaient arrivés à bord. Plusieurs de ces désespérés ne voulurent point de quartier, et fondant au nombre de vingt ou trente sur ceux qui leur offraient la vie, ils vengèrent leur mort par sept ou huit Hollandais. Le vaisseau fut mené à Batavia, où le général fit beaucoup de civilités aux Anglais, et se hâta de les renvoyer à leur président ; ensuite il fit offrir au roi de Japara l'échange de ses gens pour les Hollandais qu'il avait dans ses fers, mais ce prince, plus irréconciliable que jamais, rejeta cette proposition avec mépris. Ainsi les esclaves hollandais perdirent l'espérance de la liberté, et les Javans moururent de misère à Batavia.

La mort du capitaine Tavernier, frère de celui que nous suivons ici, mort qui fut attribuée aux débauches qu'il avait la complai-

9*

sance de faire avec le roi de Bantam ; donne
occasion à notre voyageur de se plaindre des
usages de Batavia. Il lui en coûta, dit-il, une
si grosse somme pour faire enterrer son frère,
qu'il en devint plus attentif à sa propre santé,
pour ne pas mourir dans un pays où les en-
terremens sont si chers. La première dépense
se fait pour ceux qui sont chargés d'inviter
à la cérémonie funèbre. Plus on en prend,
plus l'enterrement est honorable; si l'on n'en
emploi qu'un, on lui donne deux écus ; mais
si l'on en prend deux, il leur faut quatre écus
à chacun ; et si l'on en prend trois, chacun
doit en avoir six. La somme augmente avec
les mêmes proportions, quand on en prendrait une douzaine. Tavernier, qui voulait
faire honneur à la mémoire de son frère, et
qui n'était pas instruit de cet usage, en prit
six, pour lesquels il fut étonné de se voir
demander soixante-douze écus. Le poêle qui
se met sur la bière lui en coûta vingt, et peut
aller jusqu'à trente ; on l'emprunte de l'hô-
pital ; le moindre est de drap, et les trois
autres sont de velours, l'un sans frange, l'autre avec des franges, le troisième avec des

ranges et des houppes aux quatre coins. Un
onneau de vin d'Espagne qui fut bu à l'en-
errement lui revint à deux cents piastres ;
l en paya vingt-six pour des jambons et des
angues de bœufs; vingt-deux pour de la pâtis-
crie; vingt pour ceux qui portèrent le corps
n terre, et seize pour le lieu de la sépultu-
c : on en demandait cent pour l'enterrer dans
'église. Ces coutumes parurent étranges à
Cavernier, plaisantes, et inventées, dit-il,
oour tirer de l'argent des héritiers d'un
nort.

Trois jours qu'il eut encore à passer dans
a rade de Batavia lui firent connaître toutes
es précautions que les Hollandais apportent
 leurs embarquemens. Le premier jour un
fficier qui tient registre de toutes les mar-
handises qui s'embarquent, soit pour la Hol-
ande ou d'autres lieux, vint à bord pour y
ire le mémoire de tout ce qu'on avait embar-
ué, et pour le faire signer non-seulement
u capitaine, mais encore à tous les mar-
hands qui partaient avec lui. Ce mémoire
ut enfermé dans la même caisse où l'on en-
erme tous les livres de compte, et le rôle

de tout ce qui s'est passé dans les comptoirs des Indes. Ensuite on scella le couvert sous lequel sont toutes les marchandises. Le second jour, le major de la ville, l'avocat fiscal et le premier chirurgien vinrent visiter à bord tous ceux qui s'étaient embarqués pour la Hollande. Le major, pour s'assurer qu'il n'y a point de soldats qui partent sans congé ; l'avocat fiscal, pour voir si quelque écrivain de la compagnie ne se dérobe point avant l'expiration de son terme ; le chirurgien, pour examiner tous les malades qu'on fait partir, et pour décider avec serment que leur mal est incurable aux Indes. Enfin le troisième jour est donné aux adieux des habitans de la ville, qui apportent des rafraîchissemens pour traiter leurs amis, et qui joignent la musique à la bonne chère.

Cinquante-six jours d'une heureuse navigation firent arriver le flotte hollandaise au cap de Bonne-Espérance. Elle y passa trois semaines, pendant lesquelles Tavernier se fit un amusement de ses observations. On ne s'arrêtera qu'à celles qui ne lui sont pas communes avec les autres voyageurs. Il est per-

suadé, dit il, que ce n'est pas l'air ni la chaleur qui causent la noirceur des Cafres. Une
jeune fille, qui avait été prise à sa mère dès
le moment de sa naissance, et nourrie ensuite
parmi les Hollandais, était aussi blanche que
les femmes de l'Europe. Un Français lui avait
fait un enfant ; mais la compagnie ne voulut
pas souffrir qu'il l'épousât, et le punit même
par la confiscation de huit cents livres de ses
gages. Cette fille dit à Tavernier que les Cafres ne sont noirs que parce qu'ils se frottent
d'une graisse composée de plusieurs simples ;
et que, s'ils ne s'en frottaient souvent, ils
deviendraient hydropiques. Il confirme par
le témoignage de ses yeux que les Cafres ont
une connaissance fort particulière des simples, et qu'ils en savent parfaitement l'ap-
plication. De dix-neuf malades qui se trouvaient sur son vaisseau, la plupart affligés
d'ulcères aux jambes, ou de coups reçus à
la guerre, quinze furent mis entre leurs mains
et se virent guéris en peu de jours, quoique
le chirurgien de Batavia n'eût fait espérer
leur guérison qu'en Europe. Chaque malade
avait deux Cafres qui le venaient panser,

c'est-à-dire qui, apportant des simples, suivant l'état des ulcères ou de la plaie, les appliquaient sur le mal après les avoir broyés entre deux cailloux. Pendant le séjour de Tavernier, quelques soldats, ayant été commandés pour une expédition, et s'étant avancés dans le pays, firent pendant la nuit un grand feu, moins pour se chauffer que pour écarter les lions : ce qui n'empêcha point que, pendant qu'ils se reposaient, un lion ne vînt prendre un d'entre eux par le bras. Il fut tué aussitôt d'un coup de fusil ; mais on fut obligé de lui ouvrir la gueule avec beaucoup de peine, pour en tirer le bras du soldat qui était percé de part en part. Les Cafres le guérirent en moins de douze jours. Tavernier conclut du même événement que c'est une erreur de croire que les lions soient effrayés par le feu. Il vit dans le fort hollandois quantité de peaux de lions et de tigres, mais avec moins d'admiration que celle d'un cheval sauvage tué par les Cafres, qui est blanche, traversées de raies noires, picotée comme celle d'un léopard, et sans queue. A deux ou trois lieues du fort, quelques

Hollandais trouvèrent un lion mort, avec quatre pointes de porc-epic dans le corps, dont les trois quarts entraient dans la chair; ce qui fit juger que le porc-épic avait tué le lion. Comme le pays est incommodé par la multitude de ces animaux, les Hollandais emploient une assez bonne invention pour s'en garantir. Ils attachent un fusil à quelque pieu bien planté, avec un morceau de viande retenu par une corde attachée à la détente. Lorsque l'animal saisit la viande, cette corde se bande, tire la détente et fait partir le coup, qui lui donne dans la gueule ou dans le corps. Ils n'ont pas moins d'industrie pour prendre les jeunes autruches. Après avoir observé leurs nids, ils attendent qu'elles aient sept ou huit jours. Alors plantant un pieu en terre, ils les lient par un pied dans le nid, afin qu'elles ne puissent fuir; et les laissant nourrir par les grandes jusqu'à l'âge qu'ils désirent, ils les prennent enfin pour les vendre ou les manger.

Lorsqu'on aperçut les côtes de Hollande, tous les matelots de la flotte des Indes, dans la joie de revoir leur pays, allumèrent tant

de feux autour de la poupe et de la proue
des vaisseaux, qu'on les aurait crus près d'ê-
tre consumés par les flammes. Tavernier
compta sur son seul vaisseau plus de dix-sept
cents cierges. Il explique d'où venait cette
abondance. Une partie des matelots de sa
flotte avaient servi dans celle que les Hollandais avaient envoyée contre les Manilles ; et
quoique cette expédition eût été sans succès,
ils avaient pillé quelques couvens, d'où ils
avaient emporté une prodigieuse quantité de
cierges. Ils n'en avaient pas moins trouvé
dans Pointe - de - Galle, après avoir enlevé
cette place aux Portugais. La cire, dit Tavernier, était à vil prix dans les Indes ; chaque
maison religieuse a toujours une prodigieuse
quantité de cierges. Le moindre Hollandais
en eut pour sa part trente ou quarante.

Le vice-amiral qui avait apporté Tavernier
devait relâcher en Zélande, suivant les dis-
tributions établies. Il fut sept jours entiers
sans pouvoir entrer dans Flessingue, parce
que les sables avaient changé de place ; mais
aussitôt qu'il eut jeté l'ancre, il se vit environné d'une multitude de petites barques,

malgré le soin qu'on prenait de les écarter.
On entendait mille voix s'élever de toutes
parts pour demander les noms des parens et
des amis que chacun attendait. Le lendemain,
deux officiers de la compagnie vinrent à bord
et firent assembler tout le monde entre la
poupe et le grand mât; ils prirent le capitaine à leur côté : « Messieurs, dirent-ils à
» tout l'équipage, nous vous commandons
» au nom de toute la compagnie de nous
» déclarer si vous avez reçu quelque mau-
» vais traitement dans ce voyage. » L'impatience de tant de gens qui se voyaient at-
tendus sur le rivage par leur père, leur mère,
ou leurs plus chers amis, les fit crier tout
d'une voix que le capitaine était honnête
homme. A l'instant chacun eut la liberté de
      ter dans les chaloupes et de se rendre à
terre. Tavernier reçut beaucoup de civilités
des deux officiers, qui lui demandèrent à
son tour s'il n'avait aucune plainte à faire
des commandans du vaisseau.

Il n'avait pas d'autre motif pour s'arrêter
en Hollande que le paiement des sommes
qu'on lui avait retenues à Batavia; mais ses

XIII.   10

longues et pressantes sollicitations ne purent lui en faire obtenir qu'un peu plus de la moitié. « S'il ne m'était rien dû, s'écrie-» t-il dans l'amertume de son cœur, pour-» quoi satisfaire à la moitié de mes deman-» des? et si je ne redemandais que mon bien, » pourquoi m'en retenir une partie? » Il prend occasion de cette injustice pour relever sans ménagement les abus qui se commettaient dans l'administration des affaires de la compagnie.

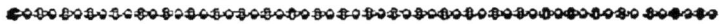

CHAPITRE IX.

Indoustan.

LA belle région qui se nomme proprement l'Inde, et que les Persans et les Arabes ont nommée l'Indoustan, est bornée à l'est parle royaume d'Arrakan; à l'ouest, par une partie de la Perse et par la mer des Indes; au nord, par le mont Himalaya et la Tartarie,

au sud, par le royaume de Décan et par le
golfe de Bengale. On ne lui donne pas moins
de six cents lieues de l'est à l'ouest, depuis
le fleuve Indus jusqu'au Gange, ni moins de
sept cents du nord au sud, en plaçant ses
frontières les plus avancées vers le sud, à
20 degrés ; et les plus avancées vers le nord,
à 43. Dans cet espace, elle contient trente-
sept grandes provinces, qui étaient ancien-
nement autant de royaumes. Nous ne nous
proposons point d'en donner une description
géographique, que l'on peut trouver ailleurs.
Nous suivons notre plan, qui consiste à
présenter toujours une vue générale, en nous
arrêtant sur les détails les plus curieux.

Agra, dont la ville capitale porte aussi le
même nom, est une des plus grandes provinces de l'empire, et celle qui tient aujour-
d'hui le premier rang. Elle est arrosée par
le Djemna, qui la traverse entièrement ; on
y trouve les villes de Scander, d'Adipour et
Felipour. Le pays est sans montagnes ; et
depuis sa capitale jusqu'à Lahor, qui sont
les deux belles villes de l'Indoustan, on voit
une allée d'arbres, à laquelle Terry donne

quatre cents milles d'Angleterre de longueur. Bernier trouve beaucoup de ressemblance entre la ville d'Agra et celle de Delhy,
ou plutôt de Djehanabad, telle qu'on a pu
s'en former l'idée dans la description de
Tavernier. « A la vérité, dit-il, l'avantage
d'Agra est qu'ayant été long-temps la demeure
des souverains, depuis Akbar qui la fit bâtir, et qui la nomma de son nom Akbar-
Abad, quoiqu'elle ne l'ait pas conservé,
elle a plus d'étendue que Delhy, plus de
belles maisons de radjas et d'ombras, plus
de grands caravansérails, et plus d'édifices
de pierre et de brique, outre les fameux
tombeaux d'Akbar et de Tadje-Mehal, femme
de Schah-Djehan; mais elle a aussi le désa-
vantage de n'être pas fermée de murs, sans
compter que, n'ayant pas été bâtie sur un
plan général, elle n'a pas ces belles et larges
rues de même structure qu'on admire à
Delhy. Si l'on excepte quatre ou cinq principales rues marchandes qui sont très-lon-
gues et fort bien bâties, la plupart des autres
sont étroites, sans symétrie, et n'offrent que
des détours et des recoins qui causent beau-

coup d'embarras lorsque la cour y fait sa résidence. Agra, lorsque la vue s'y promène de quelque lieu éminent, paraît plus champêtre que Delhy. Comme les maisons des seigneurs y sont entremêlées de grands arbres verts, dont chacun a pris plaisir de remplir son jardin et sa cour pour se procurer de l'ombre, et que les maisons de pierre des marchands, qui sont dispersées entre ces arbres, ont l'apparence d'autant de vieux châteaux, elles forment toutes ensembles des perspectives fort agréables, surtout dans un pays fort sec et fort chaud, où les yeux ne semblent demander que de la verdure et de l'ombrage.

Agra est deux fois plus grande qu'Ispahan, et l'on n'en fait pas le tour à cheval en moins d'un jour. La ville est fortifiée d'une fort belle muraille de pierre de taille rouge et d'un fossé large de plus de trente toises.

Ses rues sont belles et spacieuses. Il s'en trouve de voûtées qui ont plus d'un quart de lieue de long, où les marchands et les artisans ont leurs boutiques distinguées par l'espèce des métiers et par la qualité des mar-

10*

chandises. Les méidans et les bazars sont au nombre de quinze, dont le plus grand est celui qui forme comme l'avant-cour du château. On y voit soixante pièces de canon de toutes sortes de calibres, mais en assez mauvais ordre et peu capables de servir. Cette place, comme celle d'Ispahan, offre une grosse et haute perche, où les seigneurs de la cour, et quelquefois le grand-mogol même, s'exercent à tirer au blanc.

On compte dans la ville quatre-vingts caravansérails pour les marchands étrangers, la plupart à trois étages, avec de très-beaux appartemens, des magasins, des portiques et des écuries, accompagnées de galeries et de corridors pour la communication des chambres. Ces espèces d'hôtelleries ont leurs concierges, qui doivent veiller à la conservation des marchandises et qui vendent des vivres à ceux qu'ils doivent loger gratuitement.

Comme le grand-mogol et la plupart des seigneurs de sa cour font profession du mahométisme, on voit dans Agra un grand nombre de metschids ou de mosquées. On en

listingue soixante-dix grandes, dont les six
principales portent le nom de *metschidadine*,
c'est-à-dire *quotidiennes*, parce que chaque
our le peuple y fait ses dévotions. On voit
lans une de ces six mosquées le sépulcre
l'un saint mahométan qui se nomme *S'can-
ler*, et qui est de la postérité d'Ali. Dans
ine autre, on voit une tombe de trente
pieds de long, sur seize de large, qui passe
our celle d'un héros guerrier : elle est couverte de petites banderoles. Un grand nombre de pélerins qui s'y rendent de toutes
parts ont assez enrichi la mosquée pour la
mettre en état de nourrir chaque jour un
rès-grand nombre de pauvres. Ces metschids et les cours qui en dépendent servent
l'asile aux criminels, et même à ceux qui
peuvent être arrêtés pour dettes. Ce sont les
lla-capi de Perse que les Mogols nomment
illades, et qui sont si respectés, que l'em-
percur même n'a pas le pouvoir d'y faire en-
ever un coupable. On trouve dans Agra
usqu'à huit cents bains, dont le grand-mogol tire annuellement des sommes considérables, parce que, cette sorte de purification

faisant une des principales parties de la religion du pays, il n'y a point de jour où ces
lieux ne soient fréquentés d'une multitude
infinie de peuple.

Les seigneurs de la cour ont leurs hôtels
dans la ville et leurs maisons à la campagne :
tous ces édifices sont bien bâtis et richement
meublés. L'empereur a plusieurs maisons
hors de la ville, où il prend quelquefois plaisir à se retirer. Mais rien ne donne une plus
haute idée de la grandeur de ce prince que
son palais, qui est situé sur le bord de la rivière. Mandelslo lui donne environ quatre
cents toises de tour. Il est parfaitement bien
fortifié, dit-il, du moins pour le pays; et
cette fortification consiste dans une muraille
de pierres de taille, un grand fossé et un
pont-levis à chaque porte, avec quelques
autres ouvrages aux avenues, surtout à la
porte du nord.

Celle qui donne sur le bazar, et qui regarde l'occident, s'appelle *cistery*. C'est sous
cette porte qu'est le divan, c'est-à-dire le
lieu où le grand-mogol fait administrer la
justice à ses sujets, près d'une grande salle

où le premier visir fait expédier et sceller les ordonnances pour toutes sortes de levées. Les minutes en sont gardées au même lieu. En entrant par cette porte, on se trouve dans une grande rue, bordée d'un double rang de boutiques, et qui mène droit au palais impérial.

La porte qui donne entrée dans le palais se nomme *Akbar-dervagé*, c'est-à-dire porte de l'empereur Akbar. Elle est si respectée, qu'à la réserve des seuls princes du sang, tous les autres seigneurs sont obligés d'y descendre et d'entrer à pied. C'est dans ce quartier que sont logées les femmes qui chantent et qui dansent devant le grand-mogol et sa famille.

La quatrième porte, nommée *Dersané*, donne sur la rivière; et c'est là que sa majesté se rend tous les jours pour saluer le soleil à son lever. C'est du même côté que les grands de l'empire, qui se trouvent à la cour, viennent rendre chaque jour leur hommage au souverain, dans un lieu élevé où ce monarque peut les voir. Les hadys ou les officiers de cavalerie s'y trouvent aussi; mais ils se tiennent plus éloignés, et n'approchent point de l'empereur sans un ordre exprès. C'est de là qu'il voit combattre les éléphans, les taureaux les lions et d'autres bêtes féroces; amusement qu'il prenait tous les jours à la réserve du vendredi qu'il donnait à la dévotion.

La porte qui donne entrée dans la salle des gardes se nomme *Attesanna*. On passe de cette salle dans une cour pavée, au fond de laquelle on voit sous un portail une balustrade d'argent, dont l'approche est défendue au peuple, et n'est permise qu'aux seigneurs de la cour. Mandelslo rencontra dans cette cour un valet persan qui l'avait quitté à Surate. Il en reçut des offres de service, et celle même de le faire entrer dans la balustrade; mais les gardes s'y opposèrent. Cependant, comme c'est par cette balustrade qu'on entre dans la chambre du trône, il vit dans une autre petite balustrade d'or le trône du grand-mogol, qui est d'or massif enrichi de diamans, de perles et d'autres pierres précieuses; au-dessus est une galerie où ce puissant monarque se fait voir tous les jours pour rendre justice à ceux qui la demandent. Plusieurs clochettes d'or sont suspendues en l'air au-dessus de la balustrade. Ceux qui ont des plaintes à faire doivent en sonner une ; mais si l'on n'a des preuves convaincaintes, il ne faut pas se hasarder d'y toucher, sous peine de la vie.

On montre en dehors un autre appartement du palais, qu'on distingue par une grosse tour dont le toit est couvert de lames d'or, et qui contient, dit-on, huit grandes voûtes pleines d'or, d'argent et de pierres précieuses d'une valeur inestimable.

Mandelslo paraît persuadé que d'une ville aussi grande, aussi peuplée qu'Agra, on peut tirer deux cent mille hommes capables de porter les armes. La plupart de ses habitans sont mahometans. Sa juridiction, qui s'étend dans une circonférence de plus de cent vingt lieues, comprend plus de quarante petites villes et trois mille six cents villages. Le terroir est bon et fertile. Il produit quantité d'indigo, de coton, de salpêtre et d'autres richesses dout les habitans font un commerce avantageux.

On compte dans l'Indoustan quatre-vingt

quatre princes indiens qui conservent encore
une espèce de souveraineté dans leur ancien
pays, en payant un tribut au grand-mogol,
et le servent dans sa milice. Ils sont distingués par le nom de *radjas ;* et la plupart
demeurent fidèles à l'idolâtrie, parce qu'ils
sont persuadés que le lien d'une religion
commune sert beaucoup à les soutenir dans
la propriété de leurs petits états, qu'ils
transmettent ainsi à leur postérité : mais
c'est presque le seul avantage qu'ils aient
sur les ombras mahométans, avec lesquels
ils partagent d'ailleurs à la cour toutes les
humiliations de la dépendance. Cependant
on en distingue quelques-uns qui conservent
encore une ombre de grandeur, dans la présence même du mogol. Le premier, qu'on a
nommé dans diverses relations, prétend tirer son origine de l'ancien Porus, et se fait
nommer le fils de celui qui se sauva du dé-
luge, comme si c'était un titre de noblesse
qui le distinguât des autres hommes. Ses
états se nomment *Zédussie ;* sa capitale est
Usepour. Tous les princes de cette race
prennent, de père en fils, le nom de *Rana*,

qui signifie *homme de bonne mine*. On prétend qu'il peut mettre sur pied cinquante mille chevaux, et jusqu'à deux cent mille hommes d'infanterie. C'est le seul des princes indiens qui ait conservé le droit de marcher sous le parasol, honneur réservé au seul monarque de l'Indoustan.

Le radja de Rator égale celui de Zédussié en richesses et en puissance; il gouverne neuf provinces avec les droits de souveraineté. Son nom était *Djakons Sing*, c'est-à-dire *le maître-lion*, lorsque Aureng-Zeb monta sur le trône. Comme il peut lever une aussi grosse armée que le rana, il jouit de la même considération à la cour. On raconte qu'un jour Schah-Djehan l'ayant menacé de rendre une visite à ses états, il lui répondit fièrement que le lendemain il lui donnerait un spectacle capable de le dégoûter de ce voyage. En effet, comme c'était son tour à monter la garde à la porte du palais, il rangea vingt mille hommes de sa cavalerie sur les bords du fleuve. Ensuite il alla prier l'empereur de jeter les yeux du haut du balcon sur la milice de ses états. Schah-Djehan

XIII. 11

vit avec surprise les armes brillantes et la
contenance guerrière de cette troupe. « Sei-
» gneur, lui dit alors le radja, tu as vu sans
» frayeur, des fenêtres de ton palais, la
» bonne mine de mes soldats. Tu ne la ver-
» rais peut-être pas sans péril, si tu entre-
» prenais de faire violence à leur liberté. »
Ce discours fut applaudi, et Djakons-Sing
reçut un présent.

Outre ces principaux radjas, on n'en compte pas moins de trente, dont les forces ne sont
pas méprisables, et quatre particulièrement
qui entretiennent à leur solde plus de vingt-
cinq mille homme de cavalerie. Dans les besoins de l'état, tous ces princes joignent leurs
troupes à celles du mogol. Il les commande
en personne ; ils reçoivent pour leurs gens
la même solde qu'on donne à ceux de l'empereur, et pour eux-mêmes des appointemens égaux à ceux du premier général mahométan.

Sans vouloir entrer dans les détails qui appartiennent à l'histoire, il suffira de rappe-
ler ici que l'ancien empire des Tartares-Mo-
gols, fondé par Tamerlan vers la fin du qua-

torzième siècle, fut partagé, au commencement du seizième, en deux branches principales : la race d'Ousbeck-Khan, un des descendans de Tamerlan, régna dans Samar-
kand sur les Tartares-Ousbecks ; et Baber,
autre prince de la même race, régna dans
l'Indoustan : ce partage subsiste encore.

Le prodigieux nombre de troupes que les
empereurs mogols ne cessent point d'entretenir à leur solde en font sans comparaison
les plus redoutables souverains des Indes. On
croit en Europe que leurs armées sont moins
à craindre par la valeur que par la multitude des combattans ; mais c'est moins le cou-
rage qui manque à cette milice que la science
de la guerre et l'adresse à se servir des armes. Elle serait fort inférieure à la nôtre par
la discipline et l'habileté, mais de ce côté
même elle surpasse toutes les autres nations
indiennes, et la plupart ne l'égalent point en
bravoure. Sans remonter à ces conquérans
tartares qui peuvent être regardés comme les
ancêtres des mogols, il est certain que c'est
par la valeur de leurs troupes qu'Akbar et
Aurgen-Zeb ont étendu si loin les limites de

leur empire, et que le dernier a si long-temps
rempli l'Orient de la terreur de son nom.

On peut rapporter à trois ordres toute la
milice de ce grand empire : le premier est
composé d'une armée toujours subsistante
que le grand-mogol entretient dans sa capitale, et qui monte la garde chaque jour devant son palais ; le second, des troupes qui
sont répandues dans toutes les provinces; et
le troisième, des troupes auxiliaires que ses
radjas, vassaux de l'empereur, sont obligés
de lui fournir.

L'armée, qui campe tous les jours aux
portes du palais, dans quelque lieu que soit
la cour, monte au moins à cinquante mille
hommes de cavalerie, sans compter une prodigieuse multitude d'infanterie, dont Delhy
et Agra, les deux principales résidences des
grands-mogols, sont toujours remplies; aussi,
lorsqu'ils se mettent en campagne, ces deux
villes ne ressemblent plus qu'à deux camps
déserts dont une grosse armée serait sortie.
Tout suit la cour ; et si l'on excepte le quartier des banians, ou des gros négocians, le
reste a l'air d'une ville dépeuplée. Un nom-

bre incroyable de vivandiers, portefaix,
d'esclaves et de petits marchands, accom-
pagnent les armées, pour leur rendre le même
service que dans les villes; mais toute cette
milice de garde n'est pas sur le même pied.
Le plus considérable de tous les corps mili-
taires est celui des quatre mille esclaves de
l'empereur, qui est distingué par ce nom
pour marquer son dévouement à sa personne. Leur chef, nommé le deroga, est un officier de considération auquel on confie souvent le commandement des armées. Tous les
soldats qu'on admet dans une troupe si relevée sont marqués au front. C'est de là qu'on
tire les mansebdards et d'autres officiers subalternes pour les faire monter par degrés
jusqu'au rang d'omhras de guerre : titre qui
répond assez à celui de nos lieutenans-géné-
raux.

Les gardes de la masse d'or, de la masse
d'argent et de la masse de fer, composent
aussi trois différentes compagnies, dont les
soldats sont marqués diversement au front.
Leur paie est plus grosse et leur rang plus
respecté, suivant le métal dont leurs masses

sont revêtues. Tous ces corps sont remplis
de soldats d'élite, que leur valeur a rendus
dignes d'y être admis; il faut nécessairement
avoir servi dans quelques-unes de ces troupes, et s'y être distingué, pour s'élever aux
dignités de l'état. Dans les armées du Mogol,
la naissance ne donne point de rang ; c'est
le mérite qui règle les prééminences, et souvent le fils d'un omhra se voit confondu dans
les derniers degrés de la milice : aussi ne
reconnaît-on guère d'autre noblesse parmi
les mahométans des Indes que celle de quelques descendans de Mahomet, qui sont respectés dans tous les lieux où l'on observe
l'Alcoran.

En général, lorsque la cour réside dans la
ville de Delhy ou dans celle d'Agra, l'empereur y entretient, même en temps de paix,
près de deux cent mille hommes. Lorsqu'elle
est absente d'Agra, on ne laisse pas d'y entretenir ordinairement une garnison de 15
mille hommes de cavalerie et de trente mille
hommes d'infanterie; règle qu'il faut obser-
ver dans le dénombrement des troupes du
Mogol, où les gens de pied sont toujours au

ouble des gens de cheval. Deux raisons obli-
ent de tenir toujours dans Agra une petite
rmée sur pied : la première, c'est qu'en tout
emps on y conserve le trésor de l'empire ;
a seconde, qu'on y est presque toujours en
uerre avec les paysans du district, gens in-
aitables et belliqueux, qui n'ont jamais été
ien soumis depuis la conquête de l'Indous-
n.

Si ce grand nombre de soldats et d'offi-
ers qui ne vivent que de la solde du prince
t capable d'assurer la tranquillité de l'état,
sert aussi quelquefois à la détruire. Tant
ue le souverain conserve assez d'autorité
ur les vice-rois et sur les troupes pour n'a-
oir rien à redouter de leur fidélité, les sou-
vemens sont impossibles ; mais, aussitôt
ue les princes du sang se révoltent contre
cour, ils trouvent souvent dans les trou-
es de leur souverain de puissans secours
our lui faire la guerre. Aureng-Zeb s'éleva
usi sur le trône ; et l'adresse avec laquelle
ménagea l'affection des gouverneurs de pro-
nces fit tourner en sa faveur toutes les for-

ces que Schad Djehan son père entretenait
pour sa défense.

Des armées si formidables, répandues dans
toutes les parties de l'empire, procurent ordinairement de la sûreté aux frontières, et
de la tranquillité au centre de l'état; il n'y
a point de petite bourgade qui n'ait au moins
deux cavaliers et quatre fantassins : ce sont
les espions de la cour qui sont obligés de
rendre compte de tout ce qui arrive sous
leurs yeux, et qui donnent occasion, par
leurs rapports, à la plupart des ordres qui
passent dans les provinces.

Les armes offensives des cavaliers mogols
sont l'arc, le carquois, chargé de quarante
ou cinquante flèches, le javelot ou la zagaie
qu'ils lancent avec beaucoup d'adresse, le
cimeterre d'un côté et le poignard de l'autre
pour armes défensives, ils ont l'écu, espèce
de petit bouclier qu'ils portent toujours
pendu au cou; mais ils n'ont pas d'armes à
feu.

L'infanterie se sert du mousquet avec assez
d'adresse; ceux qui n'ont pas de mousquet

portent, avec l'arc et la flèche, une pique
de dix ou douze pieds, qu'ils emploient au
commencement du combat en la lançant
contre l'ennemi. D'autres sont armés de cot-
tes de mailles qui leur vont jusqu'aux genoux ; mais il s'en trouve fort peu qui se
servent de casques, parce que rien ne serait
plus incommode dans les grandes chaleurs
du pays. D'ailleurs les Mogols n'ont pas d'ordre militaire, ils ne connaissent point les
distinctions d'avant-garde, de corps de ba-
taille, ni d'arrière-garde ; ils n'ont ni front
ni file, et leurs combats se font avec beaucoup de confusion. Comme ils n'ont point
d'arsenaux, chaque chef de troupe est obligé
de fournir des armes à ses soldats : de là
vient le mélange de leurs armes, qui souvent ne sont pas les mêmes dans chaque
corps ; c'est un désordre qu'Aureng-Zeb
avait entrepris de réformer. Mais l'arsenal
particulier de l'empereur est d'une magnificence éclatante ; ses javelines, et surtout
ses sabres, y sont rangés dans le plus bel
ordre ; tout y brille de pierres précieuses. Il
prend plaisir à donner lui-même des noms

à ses armes : un de ses cimeterres s'appelle *alom-guir*, c'est-à-dire *le conquérant de la terre;* un autre, *fatè alom*, qui signifie *le vainqueur du monde.* Tous les vendre lis au matin, le grand-mogol fait sa prière dans son arsenal pour demander à Dieu qn'avec ses sabres il puisse remporter des victoires et faire respecter le nom de l'Éternel à ses ennemis. On pourrait demander comment se nommaient tous ces cimeterres lorsque, par la suite, Nadir-Schah tenait l'empereur captif dans son palais de Delhy.

Les écuries du grand-mogol répondent au nombre de ses soldats. Elles sont peuplées d'une multitude prodigieuse de chevaux et d'éléphans. Le nombre de ses chevaux est d'environ douze mille, dont on ne choisit à la vérité que vingt ou trente pour le service de sa personne ; le reste est pour la pompe ou destiné à faire des présens. C'est l'usage des grands mogols de donner un habit et un cheval à tous ceux dont ils ont reçu le plus léger service. On fait venir tous ces chevaux de Perse, d'Arabie et surtout de la Tartarie. Ceux qu'on élève aux Indes sont rétifs, om-

brageux, mous et sans vigueur. Il en vient
tous les ans plus de cent mille de Bockara
et de Kaboul ; profit considérable pour les
douanes de l'empire, qui font payer vingt-
cinq pour cent de leur valeur. Les meilleurs
sont séparés pour le service du prince , et
le reste se vend à ceux qui , par leur emploi,
sont obligés de monter la cavalerie. On a
fait remarquer, dans plusieurs relations,
que leur nourriture aux Indes n'est pas sem-
blable à celle qu'on leur donne en Europe ,
parce que dans un pays si chaud , on ne recueille guère de fourrage que sur le bord
des rivières. On y supplée par des pâtes
assaisonnées.

Les éléphans sont tout à la fois une des
forces de l'empereur mogol , et l'un des principaux ornemens de son palais. Il en nourrit
jusqu'à cinq cents, pour lui servir de mon-
ture, sous de grands portiques bâtis exprès.
Il leur donne lui-même des noms pleins de
majesté, qui conviennent aux propriétés naturelles de ces grands animaux. Leurs harnais sont d'une magnificence qui étonne. Celui que monte l'empereur a sur le dos un

trône éclatant d'or et de pierres précieuses.
Les autres sont couverts de plaques d'or et
d'argent, de housses en broderies d'or, de
campanes et de franges d'or. L'éléphant du
trône, qui porte le nom d'Aureng-gas, c'est-
à-dire capitaine des éléphans, a toujours un
train nombreux à sa suite. Il ne marche jamais sans être précédé de timbales, de trompettes et de bannières. Il a triple paie pour
sa dépense. Le cour entretient d'ailleurs dix
hommes pour le service de chaque éléphant :
deux qui ont soin de l'exercer, de le conduire et de le gouverner ; deux qui lui attachent ses chaînes ; deux qui lui fournissent
son vin et l'eau qu'on lui fait boire ; deux
qui portent la lance devant lui, et qui font
écarter le peuple ; deux qui allument des
feux d'artifice devant ses yeux pour l'accou-
tumer à cette vue ; un pour lui ôter sa litière et lui en fournir de nouvelle ; un autre enfin pour chasser les mouches qui l'im-
portunent, et pour le rafraîchir, en lui
versant par intervalles de l'eau sur le corps.
Ces éléphans du palais sont également dressés
pour la chasse et pour le combat. On les

accoutume au carnage en leur faisant attaquer des lions et des tigres.

L'artillerie de l'empereur est nombreuse, et la plupart des pièces de canon qu'il emploie dans ses armées sont plus anciennes qu'il ne s'en trouve en Europe. On ne saurait douter que le canon et la poudre ne fussent connus aux Indes long-temps avant la conquête de Tamerlan. C'est une tradition du pays, que les Chinois avaient fondu de l'artillerie à Delhy, dans le temps qu'ils en étaient les maîtres. Chaque pièce est distinguée par son nom. Sous les empereurs qui ont précédé Aureng-Zeb, presque tous les canonniers de l'empire étaient européens ; mais le zèle de la religion porta ce prince à n'admettre que des mahométans à son service. On ne voit plus guère à cette cour d'autres Franguis que des médecins et des orfèvres. On n'y a que trop appris à se passer de nos canonniers et de presque tous nos artistes.

Une cour si puissante et si magnifique ne peut fournir à ses dépenses que par des revenus proportionnés. Mais quelque idée qu'on

XIII. 12

ait pu prendre de son opulence par le dénombrement de tant de royaumes, dont les
terres appartiennent toutes au souverain; ce
n'est pas le produit des terres qui fait la principale richesse du grand-mogol. On voit aux
Indes de grands pays peu propres à la culture, et d'autres dont le fonds serait fertile,
mais qui demeure négligé par les habitans.
On ne s'applique point dans l'Indoustan à
faire valoir son propre domaine; c'est un
mal qui suit naturellement du despotisme
que les Mogols ont établi dans leurs conquè-
tes. L'empereur Akbar, pour y remédier et
mettre quelque réformation dans ses finances, cessa de payer en argent les vice-rois
et les gouverneurs. Il leur abandonna quelques terres de leurs départemens pour les
faire cultiver en leur propre nom. Il exigea
d'eux, pour les autres terres de leur district,
une somme plus ou moins forte, suivant que
leurs provinces étaient plus ou moins ferti-
les. Ces gouverneurs, qui ne sont proprement que les fermiers de l'empire, afferment
à leur tour ces mêmes terres à des officiers
subalternes. La difficulté consiste à trouver

dans les campagnes des laboureurs qui veuil-
lent se charger du travail de la culture, toujours sans profit, et seulement pour la nourriture. C'est par la violence qu'on assujetit
les paysans à l'ouvrage. De là leurs révoltes
et leur fuite dans les terres des radjas indiens, qui les traitent avec un peu plus d'hu-
manité. Ces rigoureuses méthodes servent à
dépeupler insensiblement les terres du Mogol, et les font demeurer en friche.

Mais l'or et l'argent que le commerce apporte dans l'empire suppléent au défaut de
la culture, et multiplient sans cesse les trésors du souverain. S'il faut en croire Bernier,
qu'on ne croit pas livré à l'exagération
comme la plupart des voyageurs, l'Indoustan est comme l'abîme de tous les trésors
qu'on transporte de l'Amérique dans le reste
du monde. Tout l'argent du Mexique, dit-il,
et tout l'or du Pérou, après avoir circulé
quelque temps dans l'Europe et dans l'Asie,
aboutit enfin à l'empire du Mogol pour n'en
plus sortir. On sait, continue-t-il, qu'une
partie de ces trésors se transporte en Turquie pour payer les marchandises qu'on en

tire; de la Turquie ils passent dans la Perse, parSmyrne,pour le paiement des soies qu'on y va prendre; de la Perse ils entrent dans l'Indoutan, par le commerce de Moka, de Babel-Mandel, de Bassora et de Bender-Abassi; d'ailleurs il en vient immédiatement d'Europe aux Indes par les vaisseaux des compagnies de commerce. Presque tout l'argent que les Hollandais tirent du Japon s'arrête sur les terres du Mogol, on trouve son compte à laisser son argent dans ce pays, pour en rapporter des marchandises. Il est vrai que l'Indoustan tire quelque chose de l'Europe et des autres régions de l'Asie, on y transporte du cuivre qui vient du Japon, du plomb et des draps d'Angleterre, de la cannelle, de la muscade et des éléphans de Ceylan, des chevaux d'Arabie, de Perse et de Tartarie, etc. Mais la plupart des marchands paient en marchandises, dont ils chargent aux Indes les vaisseaux sur lesquels ils ont apporté leurs effets. Ainsi la plus grande partie de l'or et de l'argent du monde trouve mille voies pour entrer dans l'Indoustan, et n'en a presque point pour en sortir.

Bernier ajoute une réflexion singulière.
Malgré cette quantité presque infinie d'or et
d'argent qui entre dans l'empire mogol, et
qui n'en sort point, il est surprenant, dit-il,
de n'y en pas trouver plus qu'ailleurs dans
les mains des particuliers ; on ne peut dis-
convenir que les toiles et les brocarts d'or et
d'argent qui s'y fabriquent sans cesse, les
ouvrages d'orfévrerie, et surtout les dorures, n'y consomment une assez grande partie
de ces espèces ; mais cette raison ne suffit
pas seule. Il est vrai encore que les Indiens
ont des opinions superstitieuses qui les portent à déposer leur argent dans la terre, et
à faire disparaître les trésors qu'ils ont amas-
sés. Une partie des plus précieux métaux
retourne ainsi, dans l'Indoustan, au sein de
la terre dont on les avait tirés dans l'Amérique ; mais ce qui paraît contribuer le plus
à la diminution des espèces dans l'empire
mogol, c'est la conduite ordinaire de la cour.
Les empereurs amassent de grands trésors,
et quoiqu'on n'ait accusé que Schah-Djehan
d'une avarice outrée, ils aiment tous à ren-
fermer dans des caves souterraines une abon-

dance d'or et d'argent qu'ils croient perni-
cieuse entre les mains du public, lorsqu'elle
y est excessive. C'est donc dans les trésors
du souverain que tout ce qui se transporte
d'argent aux Indes par la voie du commerce
va fondre, comme à son dernier terme. Ce
qu'il en reste après avoir acquitté tous les
frais de l'empire n'en sort guère que dans les
plus pressans besoins de l'état ; et l'on doit
conclure que Nadir-Schah n'avait pas réduit
le grand-mogol à la pauvreté, lorsque, suivant le récit d'Otter, il eut enlevé plus de
dix-sept cents millions à ses états.

Ce voyageur, homme très-éclairé, donne
une liste des revenus de ce monarque tels
qu'ils étaient en 1697, tirée des archives de
l'empire : elle est trop curieuse pour être
supprimée ; mais il faut se souvenir qu'un
krore vaut cent laks, un lak cent mille roupies, et la roupie, suivant l'évaluation d'Otter, environ quarante-cinq sous de France.
Il faut remarquer aussi que tous les royaumes dont l'empire est composé se divisent
en sarkars, qui signifie provinces, et que
les sarkars se subdivisent en parganas,

c'est-à-dire en gouvernemens particuliers.

Le royaume de Delhy a dans son gouvernement général huit sarkars et deux cent vingt parganas, qui rendent un krore vingt-cinq laks et cinquante mille roupies.

Le royaume d'Agra compte dans son enceinte quatoze sarkars et deux cent soixante-dix-huit parganas ; ils rendent deux krores vingt-deux laks et trois mille cinq cent cinquante roupies.

Le royaume de Lahor a cinq sarkars et trois cent quatorze parganas, qui rendent deux krores trente-trois laks et cinq mille roupies.

Le royaume d'Asmire, dans ses sarkars et ses parganas, paie deux krores trente-trois laks et cinq mille roupies.

Guzarate, divisé en neuf sarkars et dix-neuf parganas, donne deux krores trente-trois laks et quatre-vingt-quinze mille roupies.

Malvay, qui contient onze sarkars et deux cent cinquante petits parganas, ne rend que quatre-vingt-dix-neuf laks six mille deux cent cinquante roupies.

Béar compte huit sarkars et deux cent quarante cinq petits parganas, dont l'empereur tire un krore vingt-un laks et cinquante mille roupies.

Moultan, qui se divise en quatorze sarkars et quatre-vingt-seize parganas, ne donne à l'empereur que cinquante laks et vingt-cinq mille roupies.

Kaboul, divisé en trente-cinq parganas, rend trente-deux laks et sept mille deux cent cinquante roupies.

Tata paie soixante laks et deux mille roupies. Tata donne seulement vingt-quatre laks.

Urécha, quoiqu'on y compte onze sarkars, et un assez grand nombre de parganas, ne paie que cinquante-sept laks et sept mille cinq cents roupies.

Illavas donne soixante-dix-sept laks et trente-huit mille roupies.

Cachemire, avec ses quarante-six parganas, ne rend que trente-six laks et cinq mille roupies.

Le Décan, que l'on divise en huit sarkars et soixante-dix-neuf parganas, paie un krore

oixante-deux laks et quatre-vingt mille sept
cent cinquante roupies.

Brar compte dix sarkars et cent quatre-
ing-onze petits parganas, qui rendent un
rore cinquante-huit laks et sept mille cinq
cents roupies.

Candesch rend au Mogol un krore, onze
laks et cinq mille roupies.

Nandé ne paie que soixante-douze laks.

Baglana, divisé en quarante-trois parga-
as, donne soixante-huit laks et quatre-
ingt-cinq mille roupies.

Le Bengale rend quatre krores. Ugen, deux
rores. Raghi-Mehal, un krore et cinquante
mille roupies.

Le Visapour paie à titre de tribut, avec
ne partie de la province de Carnate, cinq
rores.

Golconde et l'autre partie de Carnate
paient aussi cinq krores au même titre.

Total. Trois cent quatre-vingt-sept mil-
ions cent quatre-vingt-quatorze mille roupies.

Outre ses revenus fixes, qui se tirent seu-
ement des fruits de la terre, le casuel de

l'empire est une autre source de richesses
pour l'empereur : 1° on exige tous les ans un
tribut par tête de tous les Indiens idolâtres;
comme la mort, les voyages et les fruits de
ces anciens habitans de l'Indoustan en rendent le nombre incertain, on le diminue
beaucoup à l'empereur, et les gouverneurs
profitent de ce déguisement; 2° toutes les
marchandises que les négocians idolâtres
font transporter paient aux douanes cinq
pour cent de leur valeur : les mahométans
sont affranchis de ces sortes d'impôts; 3° le
blanchissage de cette multitude infinie de
toiles qu'on fabrique aux Indes est encore la
matière d'un tribut; 4° le fermier de la mine
de diamans paie à l'empereur une très-grosse
somme : il doit lui donner les plus beaux et
les plus parfaits; 5° les ports de mer, parti
culièrement ceux de Sindy, de Barothe., de
Surate et de Cambaye, sont taxés à de grosses sommes. Surate seule rend ordinairement
trois laks pour les droits d'entrée, et onze
pour le profit des monnaies qu'on y fait battre; 6° toute la côte de Coromandel et les
ports situés sur les bords du Gange produi-

...ent de gros revenus ; 7° l'empereur recueille
l'héritage de tous les sujets mahométans qui
...ont à sa solde. Tous les meubles, tout l'ar-
...ent et tous les effets de ceux qui meurent
...ui appartiennent de plein droit. Il arrive de
...à que les femmes des gouverneurs de pro-
...inces et des généraux d'armée sont souvent
...éduites à des pensions modiques, et que
...eurs enfans, s'ils sont sans mérite, tombent
...ans une extrême pauvreté ; enfin les tributs
...es radjas sont assez considérables pour te-
...ir place entre les principaux revenus du
...rand-mogol.

Ce casuel de l'empire égale à peu près ou
...urpasse même les immenses richesses que
...empereur tire des seuls fonds de son do-
...aine. On serait étonné d'une si prodigieuse
...pulence, si l'on ne considérait qu'une partie
...e ces trésors sort tous les ans de ses mains
...t recommence à couler sur ses terres. La
...oitié de l'empire subsiste par les libéralités
...u souverain, ou du moins elle est constam-
...ent à ses gages. Outre ce grand nombre
...'officiers et de soldats qui ne vivent que de
...ur paie, tous les paysans qui labourent

pour lui sont nourris à ses frais, et la plus
grande partie des artisans des villes, qui ne
travaillent que pour son service, sont payés
du trésor impérial. Cette politique, rendant
la dépendance de tant de sujets plus étroite,
augmente au même degré leur respect et leur
attachement pour leur maître.

Joignons à cet article quelques remarques
de Mandelslo. Il vit dans le palais d'Agra une
grosse tour dont le toit est couvert de lames
d'or, qui marquent les richesses qu'elle renferme en huit grandes voûtes remplies d'or,
d'argent et de pierres précieuses. On l'assura
que le grand-mogol qui régnait de son temps
avait un trésor dont la valeur montait à plus
de quinze cents millions d'écus; mais ce qu'il
ajoute est beaucoup plus positif : « Je suis
assez heureux, dit-il, pour avoir entre les
mains l'inventaire du trésor qui fut trouvé
après la mort de Schah-Akbar, tant en or et
en argent monnayé qu'en lingots et en barres,
en or et argent travaillés, en pierreries, en
brocarts et autres étoffes, en porcelaines,
en manuscrits, en munitions de guerre,
armes, etc.; inventaire si fidèle, que

j'en dois la communication aux lecteurs.

» Akbar avait fait battre des monnaies de vingt-cinq, de cinquante et de cent tolcs, jusqu'à la valeur de six millions neuf cent soixante-dix mille massas, qui font quatre-vingt-dix-sept millions cinq cent quatre-vingt mille roupies. Il avait fait battre cent millions de roupies en une autre espèce de monnaie, qui prirent de lui le nom de *roupies d'Akbar*, et deux cent trente millions d'une monnaie qui s'appelle *paises*, dont trente font une roupie.

» En diamans, rubis, émeraudes, saphirs, perles et autres pierreries, il avait la valeur de soixante millions vingt mille cinq cent une roupies ; en or façonné, savoir, en figures et statues d'éléphans, de chameaux, de chevaux et autres ouvrages, la valeur de dix-neuf millions six mille sept cent quatre-vingt-cinq roupies ; en meubles et vaisselle d'or, la valeur de onze millions sept cent trente-trois mille sept cent quatre-vingt-dix roupies ; en meubles et ouvrages de cuivre, cinquante-un mille deux cent vingt-cinq roupies ; en porcelaine, vases de terre sigillée et autres,

XIII. 13

la valeur de deux millions cinq cent sept mille sept cent quarante-sept roupies; en brocarts, draps d'or et d'argent, et autres étoffes de soie et de coton de Perse, de Turquie, d'Europe et de Guzarate, quinze millions cinq cent neuf mille neuf cent soixante-dix-neuf roupies; en draps de laine d'Europe, de Perse et de Tartarie, cinq cent trois mille deux cent cinquante-deux roupies; en tentes, tapisseries et autres meubles, neuf millions neuf cent vingt-cinq mille cinq cent quarante-cinq roupies; vingt-quatre mille manuscrits, ou livres écrits à la main, et si richement reliés, qu'ils étaient estimés six millions quatre cent soixante-trois mille sept cents roupies; en artillerie, poudre, boulets, balles et autres munitions de guerre, la valeur de huit millions cinq cent soixante-quinze mille neuf cent soixante-onze roupies; en armes offensives et défensives, comme épées, rondaches, piques, arcs, flèches, etc., la valeur de sept millions cinq cent cinquante-cinq mille cinq cent vingt-cinq roupies; en selles, brides, étriers et autres harnais d'or et d'argent, deux millions cinq cent vingt-cinq mille

six cent quarante-huit roupies ; en couvertures de chevaux et d'éléphans, brodées d'or,
d'argent et de perles, cinq millions de roupies. » Toutes ces sommes ensemble, ne faisant que celle de trois cent quarante-huit millions deux cent vingt-six mille roupies,
n'approchent pas des richesses de l'arrière-
petit-fils d'Akbarque Mandelslo trouva sur
le trône ; ce qui confirme que le trésor des
grands-mogols grossit tous les jours.

Rien n'est plus simple que les ressorts qui
remuent ce grand empire : le souverain seul
en est l'âme. Comme sa juridiction n'est pas
plus partagée que son domaine, toute l'autorité réside uniquement dans sa personne.
Il n'y a proprement qu'un seul maître dans
l'Indoustan : tout le reste des habitans doit
moins porter le nom de sujets que d'esclaves.

A la cour, les affaires de l'état sont entre
les mains de trois ou quatre omhras du premier ordre, qui les règlent sous l'autorité
du souverain. L'itimadoulet, ou le premier
ministre, tient auprès du Mogol le même
rang que le grand visir occupe en Turquie ;
mais ce n'est souvent qu'un titre sans em-

ploi, et une dignité sans fonction. L'empereur choisit quelquefois pour grand-visir un homme sans expérience, auquel il ne laisse que les appointemens de sa charge ; tantôt c'est un prince du sang mogol, qui s'est assez bien conduit pour mériter qu'on le laisse vivre jusqu'à la vieillesse, tantôt c'est le père d'une reine favorite, sorti quelquefois du plus bas rang de la milice ou de le plus vive populace ; alors tous le poids du gouvernement retombe sur les deux secrétaires d'état. L'un rassemble les trésors de l'empire, et l'autre les dispense ; celui-ci paie les officiers de la couronne, les troupes et les laboureurs ; celui-là lève les revenus du domaine, exige les impôts et reçoit les tributs. Un troisième officier des finances, mais d'une moindre considération que les secrétaires d'état, est chargé de recueillir les héritages de ceux qui meurent au service du prince, commission lucrative, mais odieuse. Au reste, on n'arrive à ces postes éminens de l'empire que par le service des armes. C'est toujours de l'ordre militaire que se tirent également et les ministres qui gouvernent l'état, et les généraux qui conduisent les troupes. Lorsqu'on a besoin de leur entremise auprès du maître, on ne les aborde jamais que les présens à la main : mais cet usage vient moins de l'avarice des ombras que du respect des cliens. On fait peu d'attention à la valeur de l'offre. L'essentiel est de ne pas se présenter les mains vides devant les grands officiers de la cour.

Si l'empereur ne marche pas lui-même à la tête de ses troupes, le commandement des armées est confié à quelqu'un des princes du sang, ou à deux généraux choisis par le souverain ; l'un du nombre des ombras mahométans, l'autre parmi des radjas indiens. Les troupes de l'empire sont commandées par l'ombra. Les troupes auxiliaires n'obéissent qu'aux radjas de leur nation. Akbar, ayant entrepris de réger les armées, y établit l'ordre suivant, qui s'observe depuis son règne. Il voulut que tous les officiers de ses troupes fussent payés sous trois titres différens : les premiers, sous le titre de douze mois ; les seconds, sous le titre de six mois, et les troisièmes, sous celui de

13*

quatre. Ainsi, lorsque l'empereur donne à un mansebdar, c'est-à-dire à un bas-officier de l'empire, vingt roupies par mois au premier titre, sa paie monte par an à sept cent cinquante roupies, car on en ajoute toujours dix de plus. Celui à qui l'on assigne par mois la même paie au second titre en reçoit par an trois cent soixante-quinze. Celui dont la paie n'est qu'au troisième titre, n'a par an que deux cents cinquante roupies d'appointemens. Ce règlement est d'autant plus bizarre, que ceux qui ne sont payés que sur le pied de quatre mois, ne rendent pas un service moins assidu pendant l'année que ceux qui reçoivent la paie sur le pied de douze mois.

Lorsque la pension d'un officier de l armée ou de la cour monte par mois jusqu'à mille roupies au premier titre, il quitte l'ordre des mansebdars pour prendre la qualité d'omhra. Ainsi ce titre de grandeur est tiré de la paie qu'on reçoit. On est obligé d'entretenir alors un éléphant et deux cent cinquante cavaliers pour le service du prince. La pension de cinquante mille roupies ne suffirait

pas même aux Indes pour l'entretien d'une
si grosse compagnie ; car l'ombra est obligé
de fournir au moins deux chevaux à chaque
cavalier : mais l'empereur y pourvoit autre-
ment. Il assigne à l'officier quelques terres
de son domaine. On lui compte la dépense
de chaque cavalier à dix roupies par jour ;
mais les fonds de terre, qu'on abandonne
aux omhras pour les faire cultiver, produi-
ent beaucoup au-delà de cette dépense.

Les appointemens de tous les omhras ne
ont pas égaux : les uns ont deux azaris de
aie, d'autres trois, d'autres quatre, quel-
ues-uns cinq ; et ceux du premier rang en
eçoivent jusqu'à six ; c'est-à-dire qu'à tout
rendre, la pension annuelle des principaux
eut monter jusqu'à trois millions de rou-
ies ; aussi leur train est magnifique, et la
valerie qu'ils entretiennent égale nos pe-
tes armées. On a vu quelquefois ces omhras
evenir redoutables au souverain. Mais c'est
n règlement d'Akhar, auquel ses inconvé-
ens même ne permettent pas de donner
teinte. On compte ordinairement six om-
rs de la grosse pension, l'itimadoulet, les

deux secrétaires d'état, le vice-roi de Kaboul, celui de Bengale et celui d'Ughen. A l'égard des simples cavaliers et du reste de la milice, leur paie est à la discrétion des omhras, qui les lèvent et qui les entretiennent : l'ordre oblige de les payer chaque jour; mais il est mal observé. On se contente de leur faire tous les mois quelque distribution d'argent ; et souvent on les oblige d'accepter en paie-ment les vieux meubles du palais, et les habits que les femmes des omhras ont quittés. C'est par ces vexations que les premiers officiers de l'empire accumulent de grands trésors, qui rentrent après leur mort dans les coffres du souverain.

La justice s'exerce avec beaucoup d'uni-formité dans les états du grand-mogol. Les vice-rois, les gouverneurs des provinces, les chefs des villes et des simples bourgades, font précisément dans le lieu de leur juridiction, sous la dépendance de l'empereur, ce que ce monarque fait dans Agra et dans Delhy; c'est-à-dire que, par des sentences qu'ils pronon-cent seuls, ils décident des biens et de la vie des sujets. Chaque ville a néanmoins son katoual et son cadi pour le jugement de certaines affaires ; mais les particuliers sont libres de ne pas s'adresser à ces tribunaux subalternes, et le droit de tous les sujets de l'empire est de recourir immédiatement, ou à l'empereur même dans le lieu de sa résidence, ou aux vice-rois dans leur capitale, ou aux gouverneurs dans les villes de leur dépendance. Le katoual fait tout à la fois les fonctions de juge de police et de grand-prévôt. Sous Aureng-Zeb, observateur zélé de l'Alcoran, le principal objet du juge de police était d'empêcher l'ivrognerie, d'exterminer les cabarets à vin, et généralement tous lieux de débauche, de punir ceux qui distillaient de l'arak ou d'autres liqueurs fortes. Il doit rendre compte à l'empereur des désordres domestiques de toutes les familles, des querelles et des assemblées docturnes. Il y a dans tous les quartiers de la ville un prodigieux nombre d'espions, dont les plus redoutables sont une espèce de valets publics, qui se nomment *alarcos*. Leur office est de balayer les prisons et de remettre en ordre tout ce qu'il y a de dérangé dans les meubles. Chaque jour au matin, ils entrent chez les citoyens, ils s'instruisent du secret des familles, ils interrogent les esclaves, et font le rapport au katoual. Cet officier, en qualité de grand-prevôt, est responsable, sur ses appointemens, de tous les vols qui se font dans son district, à la campagne comme à la ville. Sa vigilance et son zèle ne se relâchent jamais. Il a sans cesse des soldats en campagne et des émissaires déguisés dans les villes, dont l'unique soin est de veiller au maintien de l'ordre.

La juridiction du cadi ne s'étend guère au-delà des matières de religion, des divorces et des autres difficultés qui regardent le mariage. Au reste, il n'appartient ni à l'un ni à l'autre de ces deux juges subalternes de prononcer des sentences de mort sans avoir fait leur rapport à l'empereur ou aux vice-rois des provinces, et suivant les statuts d'Akbar, ces juges suprêmes doivent avoir approuvé trois fois à trois jours différens, l'arrêt de condamnation avant qu'on l'exécute.

Quoique diverses explications répandues dans les articles précédens aient déjà pu faire prendre quelque idée de la majestueuse forme de cette justice impériale, on croit devoir en rassembler ici tous les traits, d'après un peintre exact et fidèle.

Après avoir décrit divers appartemens, on vient, dit-il, à l'amkas, qui m'a semblé quelque chose de royal. C'est une grande cour carrée, avec des arcades qui ressemblent assez à celles de la place Royale de Paris, excepté qu'il n'y a point de bâtimens au-dessus, et qu'elles sont séparées les unes des autres par une muraille; de sorte néanmoins qu'il y a une petite porte pour passer de l'une à l'autre sur la grande porte, qui est au milieu d'un des côtés de cette place, on voit un divan, tout couvert du côté de la cour, qu'on nomme *nagarkanay*, parce que c'est le lieu où sont les trompettes, ou plutôt les hautbois et les timbales qui jouent ensemble à certaines heures du jour et de la nuit. Mais c'est un concert bien étrange aux oreilles d'un Européen qui n'y est pas encore accoutumé; car dix ou douze de ces hautbois et autant de timbales se font entendre tout à la fois, et quelques hautbois, tels que celui qu'on

appelle *karna*, sont longs d'une brasse et
demie, et n'ont pas moins d'un pied d'ouverture par le bas ; comme il y a des timbales
de cuivre et de fer qui n'ont pas moins d'une
brasse de diamètre. Bernier raconte que,
dans les premiers temps, cette musique le
pénétrait, et lui causait un étourdissement
insupportable. Cependant l'habitude eut le
pouvoir de la lui faire trouver très-agréable,
surtout la nuit, lorsqu'il l'entendait de loin
dans son lit et de sa terrasse. Il parvint même
à lui trouver beaucoup de mélodie et de
majesté. Comme elle a ses règles et ses me-
sures, et que d'excellens maîtres, instruits
dès leur jeunesse, savent modérer et fléchir
la rudesse des sons, on doit concevoir, dit-
il, qu'ils en doivent tirer une symphonie qui
flatte l'oreille dans l'éloignement.

A l'opposite de la grande porte du nagarkanay, au-delà de toute la cour, s'offre une
grande et magnifique salle à plusieurs rangs
de piliers, haute et bien éclairée, ouverte
de trois côtés, et dont les piliers et le plafond sont peints et dorés. Dans le milieu de
la muraille qui sépare cette salle d'avec le

sérail on a laissé une ouverture, ou une espèce de grande fenêtre haute et large, à laquelle l'homme le plus grand n'atteindrait
point d'en bas avec la main. C'est là qu'Aureng-Zeb se montrait en public, assis sur un
trône, quelques-uns de ses fils à ses côtés,
et plusieurs eunuques debout; les uns pour
chasser les mouches avec des queues de paon,
les autres pour le rafraîchir avec de grands
éventails, et d'autres pour être prêts à recevoir ses ordres. De là il voyait en bas autour
de lui tous les ombras, les radjas et les am-
bassadeurs, debout aussi sur un divan entouré d'un balustre d'argent, les yeux baissés
et les mains croisées sur l'estomac. Plus loin,
il voyait les mansebdars, ou les moindres
ombras debout comme les autres, et dans
le même respect. Plus avant, dans le reste
de la salle et dans la cour, sa vue pouvait
s'étendre sur une foule de toutes sortes de
gens. C'était dans ce lieu qu'il donnait audience à tout le monde, chaque jour à midi;
et de là venait à cette salle le nom d'*amkas*,
qui signifie lieu d'assemblée commun aux
grands et aux petits.

XIII.   14

Pendant une heure et demie, qui était la durée ordinaire de cette auguste scène, l'empereur s'amusait d'abord à voir passer devant ses yeux un certain nombre des plus beaux chevaux de ses écuries, pour juger s'ils étaient en bon état et bien traités. Il se faisait amener aussi quelques éléphans, dont la propreté attirait toujours l'admiration de Bernier. Non-seulement, dit-il, leur sale et vilain corps était alors bien lavé et bien net, mais il était peint en noir, à la réserve de deux grosses raies de peinture rouge, qui, descendant du haut de la tête, venaient se joindre vers la trompe. Ils avaient aussi quelques belles couvertures en broderie, avec deux clochettes d'argent qui leur pendaient des deux côtés, attachées aux deux bouts d'une grosse chaîne d'argent qui leur passait par-dessus le dos, et plusieurs de ces belles queues de vaches du Thibet, qui leur pendaient aux oreilles en forme de grandes moustaches. Deux petits éléphans bien parés marchaient à leurs côtés, comme des esclaves destinés à les servir. Ces grands colosses paraissaient fiers de leurs ornemens, et mar-

chaient avec beaucoup de gravité. Lorsqu'ils
arrivaient devant l'empereur, leur guide, qui
était assis sur leurs épaules avec un crochet
de fer à la main, les piquait, leur parlait,
et leur faisait incliner un genou, lever la
trompe en l'air, et pousser une espèce de
hurlement que le peuple prenait pour un
taslim, c'est-à-dire une salutation libre et
réfléchie. Après les éléphans on amenait des
gazelles apprivoisées, des nilgauts ou bœufs
gris, que Bernier croit une espèce d'élans;
des rhinocéros, des buffles de Bengale, qui
ont de prodigieuses cornes; des léopards ou
des panthères apprivoisés, dont on se sert à
la chasse des gazelles; de beaux chiens de
chasse ousbecks, chacun avec sa petite couverture rouge; quantité d'oiseaux de proie,
dont les uns étaient pour les perdrix, les
autres pour la grue, et d'autres pour les liè-
vres, et même pour les gazelles, qu'ils aveu-
glent de leurs ailes et de leurs griffes. Souvent un ou deux ombras faisaient alors passer leur cavalerie en revue devant l'empereur;
ce monarque prenait même plaisir à faire
quelquefois essayer des coutelas sur des mou-

tous morts qu'on apportait sans entrailles, et fort proprement empaquetés. Les jeunes omhrâs s'efforçaient de faire admirer leur force et leur adresse en coupant d'un seul coup les quatre pieds joints ensemble et le corps d'un mouton.

Mais tous ces amusemens n'étaient qu'autant d'intermèdes pour des occupations plus sérieuses. Aureng-Zeb se faisait apporter chaque jour les requêtes qu'on lui montrait de loin dans la foule du peuple; il faisait approcher les parties, il les examinait lui-même, et quelquefois il prononçait sur-le-champ leur sentence. Outre cette justice publique, il assistait régulièrement une fois la semaine à la chambre qui se nomme *ada-letkanay*, accompagné de ses deux premiers cadis, ou chefs de justice. D'autres fois il avait la patience d'entendre en particulier, pendant deux heures, dix personnes du peuple qu'un vieil officier lui présentait.

Ce que Bernier trouvait de choquant dans la grande assemblée de l'amkas, c'était une flatterie trop basse et trop fade qu'on y voyait régner continuellement; l'empereur ne pro-

nonçait pas un mot qui ne fût relevé avec
admiration, et qui ne fît lever les mains aux
principaux ombras, en criant *karamat*, c'est-
à-dire merveille.

De la salle de l'amkas on passe dans un
lieu plus retiré, qui se nomme le *gosel-ka-
nay*, et dont l'entrée ne s'accorde pas sans
distinction : aussi la cour n'en est-elle pas
si grande que celle de l'amkas : mais la salle
est spacieuse, peinte, enrichie de dorures et
relevée de quatre ou cinq pieds au-dessus du
rez-de-chaussée, comme une grande estrade ;
c'est là que l'empereur, assis dans un fauteuil, et ses ombras debout autour de lui,
donnait une audience plus particulière à ses
officiers, recevait leurs comptes, et traitait
des plus importantes affaires de l'état. Tous
les seigneurs étaient obligés de se trouver
chaque jour au soir à cette assemblée, comme le matin à l'amkas, sans quoi on leur re-
tranchait quelque chose de leur paie. Bernier
regarde comme une distinction fort honorable pour les sciences que Danech-Mend-
Khan, son maître, fût dispensé de cette
servitude en faveur de ses études continuel-

les, à la réserve néanmoins du mercredi, qui était son jour de garde. Il ajoute qu'il n'était pas surprenant que tous les autres ombras y fussent assujétis, lorsque l'empereur même se faisait une loi de ne jamais manquer à ces deux assemblées. Dans ses plus dangereuses maladies, il s'y faisait porter du moins une fois le jour; et c'est alors qu'il croyait sa personne plus nécessaire, parce qu'au moindre soupçon qu'on aurait eu de sa mort, on aurait vu tout l'empire en désordre, et les boutiques fermées dans la ville.

Pendant qu'il était occupé dans cette salle, on n'en faisait pas moins passer devant lui la plupart des mêmes choses qu'il prenait plaisir à voir dans l'amkas, avec cette différence que, la cour étant plus petite, et l'assemblée se tenant au soir, on n'y faisait point la revue de la cavalerie; mais, pour y suppléer, les mansebdars de garde venaient passer devant l'empereur avec beaucoup de cérémonie. Ils étaient précédés du *kours*, c'est-à-dire de diverses figures d'argent, portées sur le bout de

plusieurs gros bâtons d'argent fort bien tra-
vaillés. Deux représentent de grands poissons; deux autres un animal fantastique
d'horrible figure, que les Mogols nomment
vicdeha; d'autres deux lions; d'autres deux
mains; d'autres des balances, et quantité
de figures aussi mystérieuses. Cette procession était mêlée de plusieurs gouzeherdars, ou porte-massues, gens de bonne
mine, dont l'emploi consiste à faire régner
l'ordre dans les assemblées.

Joignons à cet article une peinture de
l'amkas, tel que le même voyageur eut la
curiosité de le voir dans l'une des principales fêtes de l'année, qui était en même
temps celle d'une réjouissance extraordinaire pour le succès des armes de l'empire.
On ne s'arrête à cette description que pour
mettre un lecteur attentif en état de la
comparer avec celle de Tavernier et de
Rhoé.

L'empereur était assis sur son trône, dans
le fond de la grande salle. Sa veste était
d'un satin blanc à petites fleurs, relevée
d'une fine broderie d'or et de soie. Son

turban était de toile d'or, avec une aigrette
dont le pied était couvert de diamans d'une
grandeur et d'un prix extraordinaires, au
milieu desquels on voyait une grande topaze orientale, qui n'a rien d'égal au monde, et qui jetait un éclat merveilleux. Un
collier de grosses perles lui pendait du cou
sur l'estomac. Son trône était soutenu par
six gros pieds d'or massif, et parsemés de
rubis, d'émeraudes et de diamans. Bernier
n'entreprend pas de fixer le prix ni la quantité de cet amas de pierres précieuses,
parce qu'il ne put en approcher assez pour
les compter et pour juger de leur eau. Mais
il assure que les gros diamans y sont en
très-grand nombre, et que tout le trône
est estimé quatre krores, c'est-à-dire quarante millions de roupies. C'était l'ouvrage
de Schah Djehan, père d'Aureng-Zeb, qui
l'avait fait faire pour employer une multitude de pierreries accumulées dans son
trésor, des dépouilles de plusieurs anciens
radjas, et des présens que les ombras sont
obligés de faire à leurs empereurs dans
certaines fêtes. L'art ne répondait pas à

la matière. Ce qu'il y avait de mieux ima-giné, c'étaient deux paons couverts de pierres précieuses et de perles, dont on attribuait l'invention à un orfèvre français, qui, après avoir trompé plusieurs princes de l'Europe par les doublets qu'il faisait merveilleusement, s'était réfugié à la cour du Mogol, où il avait fait sa fortune.

Au pied du trône, tous les omhras, magnifiquement vêtus, étaient rangés sur une estrade couverte d'un grand dais de brocart, à grandes franges d'or, environ-née d'une balustrade d'argent. Les piliers de la salle étaient revêtus de brocart à fond d'or. De toutes les parties du plafond pen-daient de grands dais de satin à fleurs, attachés par des cordons de soie rouge, avec de grosses houppes de soie, mêlées de filets d'or. Tout le bas était couvert de grands tapis de soie très-riches, d'une lon-gueur et d'une largeur étonnantes. Dans la cour, on avait dressé une tente, qu'on nomme l'aspeck, aussi longue et aussi large que la salle à laquelle elle était jointe par

XIII. 15

le haut. Du côté de la cour, elle était environnée d'un grand balustre couvert de plaques d'argent, et soutenu par des piliers de différentes grosseurs, tous couverts aussi de plaques du même métal. Elle est rouge en dehors, mais doublée en dedans de ces belles chites, ou toiles peintes au pinceau, ordonnées exprès, avec des couleurs si vives, et des fleurs si naturelles, qu'on les aurait prises pour un parterre suspendu. Les arcades qui environnent la cour n'avaient pas moins d'éclat. Chaque omhras était chargé des ornemens de la sienne, et s'était efforcé de l'emporter par sa magnificence. Le troisième jour de cette superbe fête, l'empereur se fit peser avec beaucoup de cérémonie, et quelques omhras à son exemple, dans de riches balances d'or massif comme les poids. Tout le monde applaudit, avec la plus grande joie en apprenant que cette année l'empereur pesait deux livres de plus que la précédente. Son intention, dans cette fête, était de favoriser les marchands de soie et de brocart, qui, depuis quatre ou cinq ans de guerre, en avaient des magasins dont ils n'avaient pu trouver le débit.

Ces fêtes sont accompagnées d'un ancien usage qui ne plaît point à la plupart des ombras. Ils sont obligés de faire à l'empereur des présens proportionnés à leurs forces. Quelques-uns, pour se distinguer par leur magnificence, ou dans la crainte d'être recherchés par leurs vols et leurs concussions, ou dans l'espérance de faire augmenter leurs appointemens ordinaires, en font d'une richesse surprenante. Ce sont ordinairement de beaux vases d'or couverts de pierreries, de belles perles, des diamans, des rubis, des émeraudes. Quelquefois c'est plus simplement un nombre de ces pièces d'or qui valent une pistole et demie. Bernier raconte que, pendant la fête dont il fut témoin, Aureng-Zeb étant allé visiter Djafer-Khan, son visir, non en qualité de visir, mais comme son proche parent, et sous prétexte de voir un bâtiment qu'il avait fait depuis peu, ce seigneur lui offrit vingt-cinq mille de ces pièces d'or, avec quelques belles perles et un rubis qui fut estimé quarante mille écus.

Un spectacle fort bizarre, qui accompagne quelquefois les mêmes fêtes, c'est une espèce de foire qui se tient dans le méhalu ou le sérail de l'empereur. Les femmes des omhras et des grands mansebdars sont les marchandes. L'empereur, les princesses et toutes les dames du sérail viennent acheter ce qu'elles voient étalé. Les marchandises sont de beaux brocarts, de riches broderies d'une nouvelle mode, de riches turbans, et ce qu'on peut rassembler de plus précieux. Outre que ces femmes sont les plus belles et les plus galantes de la cour, celles qui ont des filles d'une beauté distinguée ne manquent point de les mener avec elles pour les faire voir à l'empereur. Ce monarque vient marchander sou à sou tout ce qu'il achète, comme le dernier de ses sujets, avec le langage des petits marchands qui se plaignent de la cherté, qui contestent pour le prix. Les dames se défendent de même; et ce badinage est poussé jusqu'aux injures. Tout se paie argent comptant. Quelquefois, au lieu de roupies d'argent, les princesses laissent couler, comme

par mégarde, des roupies d'or en faveur des
marchandes qui leur plaisent. Mais, après
avoir loué des usages si galans, Bernier traite
de licence la liberté qu'on accorde alors aux
femmes publiques d'entrer dans le sérail. A
la vérité, dit-il, ce ne sont pas celles des bazars, mais celles qu'on nomme *kanchanys*,
c'est-à-dire dorées et fleuries, et qui vont danser aux fêtes chez les omhras et les mauseb-
dars. La plupart sont belles et richement
vêtues; elles savent chanter et danser parfaitement à la mode du pays. Mais, comme
elles n'en sont pas moins publiques, Aureng-
Zeb, plus sérieux que ses prédécesseurs,
abolit l'usage de les admettre au sérail; et
pour en conserver quelque reste, il permit
seulement qu'elles vinssent tous les mercre-
dis lui faire de loin le salam ou la révérence,
à lamkas. Un médecin français, nommé
Bernard, qui s'était établi dans cette cour,
s'y était rendu si familier, qu'il faisait quelquefois la débauche avec l'empereur. Il avait
par jour dix écus d'appointemens; mais il
gagnait beaucoup davantage à traiter les dames du sérail et les grands omhras, qui lui

15*

faisaient des présens comme à l'envi. Son malheur était de ne pouvoir rien garder : ce qu'il recevait d'une main, il le donnait de l'autre. Cette profusion le faisait aimer de tout le monde, surtout des kenchanys, avec lesquelles il faisait beaucoup de dépense. Il devint amoureux d'une de ces femmes, qui joignait des talens distingués aux charmes de la jeunesse et de la beauté. Mais sa mère, appréhendant que la débauche ne lui fît perdre les forces nécessaires pour les exercices de sa profession, ne la perdait point de vue. Bernard fut désespéré de cette rigueur. Enfin l'amour lui inspira le moyen de se satisfaire. Un jour que l'empereur le remerciait à l'amkas, et lui faisait quelques présens pour la guérison d'une femme du sérail, il supplia ce prince de lui donner la jeune kenchany dont il était amoureux, et qui était debout derrière l'assemblée pour faire le salam avec toute sa troupe. Il avoua publiquement la violence de sa passion, et l'obstacle qu'il y avait trouvé. Tous les spectateurs rirent beaucoup de le voir réduit à souffrir par les rigueurs d'une fille de cet ordre. L'empereur, après avoir ri lui-même, ordonna qu'elle lui fût livrée, sans s'embarrasser qu'elle fût mahométane, et que le médecin fût chrétien. « Qu'on la lui charge, » dit-il, sur les épaules, et qu'il l'emporte. » Aussitôt Bernard, ne s'embarrassant plus des railleries de l'assemblée se laissa mettre la kenchany sur le dos, et sortit chargé de sa proie.

Dans un si grand nombre de provinces, qui formaient autrefois différens royaumes, dont chacun devait avoir ses propres lois et ses usages, on conçoit que, malgré la ressemblance du gouvernement qui introduit presque toujours celle de la police et de la religion, en changeant par degrés les idées, les mœurs et les autres habitudes, un espace de quelques siècles qui se sont écoulés depuis la conquête des Mogols, n'a pu mettre encore une parfaite uniformité entre tant de peuples. Ainsi la description de tous les points sur lesquels ils diffèrent serait une entreprise impossible. Mais les voyageurs les plus exacts ont jeté quelque jour dans ce chaos, en divisant les sujets du grand-mogol en mahométans, qu'ils appellent Maures, et en païens ou gentous de différentes sectes. Cette division paraît d'autant plus propre à faire connaître les uns et les autres, qu'en Orient, comme dans les autres parties du monde, c'est la religion qui règle ordinairement les usages.

L'empereur, les princes et tous les seigneurs de l'Indoustan professent le mahométisme. Les gouverneurs, les commandans et les katouals des provinces, des villes et des bourgs, doivent être de la même religion. Ainsi c'est entre les mains des mahométans ou des Maures que réside toute l'autorité, non-seulement par rapport à l'administration, mais pour tout ce qui regarde aussi les finances et le commerce; ils travaillent tous avec beaucoup de zèle au progrès de leurs opinions. On sait que le mahométisme est divisé en quatre sectes : celle d'Aboubekre, d'Ali, d'Omar et d'Otman. Les Mogols sont attachés à celle d'Ali, qui leur est commune avec les Persans; avec cette seule différence que, dans l'explication de l'Alcoran, ils suivent les sentimens des Hembili et de Maléki, au lieu que les Persans s'attachent à l'explication d'Ali et du Tzafer-Sadouck, opposés les uns et les autres aux Turcs, qui suivent celle de Hanif.

La plupart des fêtes mogoles sont celles des Persans. Ils célèbrent fort solennellement le premier jour de leur année, qui commence le premier jour de la lune de mars. Elle dure neuf jours, sous le nom de *nourous*, et se passe en festins. Le jour de la naissance de l'empereur est une autre solennité, pour laquelle il se fait des dépenses extraordinaires à la cour. On en célèbre une au mois de juin en mémoire du sacrifice d'Abraham, et l'on y mêle aussi celle d'Ismaël. L'usage est d'y sacrifier quantité de boucs, que les dévots mangent ensuite avec beaucoup de réjouissances et de cérémonies. Ils ont encore la fête des deux frères Hassan et Hossein, fils d'Ali, qui, étant allés par zèle de religion vers la côte de Coromandel, y furent massacrés par les banians et d'autres gentous, le dixième jour de la nouvelle lune de juillet : ce jour est consacré à pleurer leur mort. On porte en procession, dans les rues, deux cercueils avec des trophées d'arcs,

de flèches, de sabres et de turbans. Les
Maures suivent à pied en chantant des can-
tiques funèbres. Quelques-uns dansent et
sautent autour des cercueils ; d'autres escri-
ment avec des épées nues ; d'autres crient
de toutes leurs forces, et font un bruit ef-
frayant ; d'autres se font volontairement des
plaies avec des couteaux dans la chair du visage et des bras, ou se la percent avec des
poinçons, qui font couler leur sang le long
des joues et sur leurs habits. Il s'en trouve
de si furieux, qu'on ne peut attribuer leur
transport qu'à la vertu de l'opium. On juge
du degré de leur dévotion par celui de leur
fureur. Ces processions se font dans les
plus belles rues des villes. Vers le soir, on
voit, dans la grande place du méidan ou
du marché, des figures de paille ou de pa-
pier, ou d'autre substance légère, qui représentent les meurtriers de ces deux saints.
Une partie des spectateurs leur tirent des
flèches, les percent d'un grand nombre de
coups, et les brûlent au milieu des acclama-
tions du peuple. Cette cérémonie réveille si
furieusement la haine des Maures, et leur

inspire tant d'ardeur pour la vengeance, que les banians et les autres idolâtres prennent le parti de se tenir renfermés dans leurs maisons. Ceux qui oseraient paraître dans les rues, ou montrer la tête à leurs fenêtres, s'exposeraient au risque d'être massacrés ou de se voir tirer des flèches. Les Mogols célèbrent aussi la fête de Pâques au mois de septembre, et celle de la confrérie le 25 novembre, où ils se pardonnent tout ce qu'ils se sont fait mutuellement.

Les mosquées de l'Indoustan sont assez basses; mais la plupart sont bâties sur des éminences, qui les font paraître plus hautes que les autres édifices. Elles sont construites de pierre et de chaux, carrées par le bas et plates par le haut. L'usage est de les environner de fort beaux appartemens, de salles et de chambres. On y voit des tombes de pierre, et surtout des murs d'une extrême blancheur; les principales ont ordinairement une ou deux hautes tours. Les Maures y vont avec une lanterne pendant le ramadan, qui est leur carême, parce que ces édifices sont fort obscurs. Autour de quelques-uns on a

creusé de grands et larges fossés remplis
d'eau. Celles qui sont sans fossés ou sans
rivière, ont de grandes citernes à l'entrée,
où les fidèles se lavent le visage, les pieds
et les mains. On n'y voit point de statues ni
de peintures.

Chaque ville a plusieurs petites mosquées,
entre lesquelles on en distingue une plus
grande qui passe pour la principale, où personne ne manque de se rendre tous les ven-
dredis et les jours de fête. Au lieu de cloches,
un homme crie du haut de la tour, comme
en Turquie, pour assembler le peuple, et
tient, en criant, le visage tourné vers le
soleil. La chaire du prédicateur est placée du
côté de l'orient : on y monte par trois ou
quatre marches. Les docteurs, qui portent
le nom de *mollahs*, s'y mettent pour faire
les prières et pour lire quelque passage de
l'Acoran, dont ils donnent l'explication, avec
le soin d'y faire entrer les miracles de Mahomet et d'Ali, ou de réfuter les opinions
d'Aboubekre, d'Otman et d'Omar.

On a vu dans le journal de Tavernier la
description de la grande mosquée d'Agra.

Celle de Delhy ne paraît pas moins brillante dans la relation de Bernier. On le voit de loin, dit-il, élevée au milieu de la ville, sur un rocher qu'on a fort bien aplani pour la bâtir, et pour l'entourer d'une belle place, à laquelle viennent aboutir quatre belles et longues rues, qui répondent aux quatre côtés de la mosquée, c'est-à-dire une au fontispice, une autre derrière, et les deux autres aux deux portes du milieu de chaque côté. On arrive aux portes par vingt-cinq ou trente degrés de pierre qui règnent autour de l'édifice, à l'exception du derrière, qu'on a revêtu d'autres belles pierres de taille pour couvrir les inégalités du rocher qu'on a coupé ; ce qui contribue beaucoup à relever l'éclat de ce bâtiment. Les trois entrées sont magnifiques. Tout y est revêtu de marbre, et les grandes portes sont couvertes de larges plaques de cuivre d'un fort beau travail. Au-dessus de la principale porte, qui est beaucoup plus magnifique que les deux autres, on voit plusieurs tourelles de marbre blanc qui lui donnent une grâce singulière. Sur le derrière de la mosquée s'élèvent trois

grands dômes de front, qui sont aussi de
marble blanc, et dont celui du milieu est
plus gros et plus élevé que les deux autres.
Tout le reste de l'édifice, depuis ces trois
dômes jusqu'à la porte principale, est sans
couverture, à cause de la chaleur du pays,
et le pavé n'est composé que de grands car-
reaux de marbre. Quoique ce temple ne soit
pas dans les règles d'une exacte architecture,
Bernier en trouva le dessin bien entendu et
les proportions fort justes. Si l'on excepte
les trois grands dômes et les tourelles ou
minarets, on croirait tout le reste de marbre
rouge, quoiqu'il ne soit que de pierres très-
faciles à tailler, et qui s'altèrent même avec
le temps.

C'est à cette mosquée que l'empereur se
rend le vendredi, qui est le dimanche des
mahométans, pour y faire sa prière. Avant
qu'il sorte du palais, les rues par lesquelles
il doit passer ne manquent pas d'être arro-
sées pour diminuer la chaleur et la poussière.
Deux ou trois cents mousquetaires sont en
haie pour l'attendre, et d'autres en même
nombre bordent les deux côtés d'une grande

rue qui aboutit à la mosquée. Leurs mousquets sont petits, bien travaillés, et revêtus
d'un fourreau d'écarlate, avec une petite
banderole par-dessus. Cinq ou six cavaliers
bien montés doivent aussi se tenir prêts à
la porte, et courir bien loin devant lui,
dans la crainte d'élever la poussière en écar-
tant le peuple. Après ces préparatifs, le
monarque sort du palais, monté sur un éléphant richement équipé, et sous un dais
peint et doré, ou dans un trône éclatant
d'or et d'azur, sur un brancard couvert d'écarlate ou de drap d'or, que huit hommes choisis
et bien vêtus portent sur les épaules. Il est
suivi d'une troupe d'omhras, dont quelques-uns sont à cheval, et d'autres en
palekis. Cette marche avait aux yeux de
Bernier un air de grandeur qu'il trouvait
digne de la majesté impériale.

Les revenus des mosquées sont médiocres.
Ce qu'elles ont d'assuré consiste dans le loyer
des maisons qui les environnent. Le reste
vient des présens qu'on leur fait, ou des dis-
positions testamentaires. Les mollahs n'ont
pas de revenus fixes : ils ne vivent que des

libéralités volontaires des fidèles, avec le logement pour eux et leur famille dans les maisons qui sont autour des mosquées. Mais ils tirent un profit considérable de leurs écoles, et de l'instruction de la jeunesse, à laquelle ils apprennent à lire et à écrire. Quelques-uns passent pour savans; d'autres vivent avec beaucoup d'austérité, ne boivent jamais de liqueurs fortes, et renoncent au mariage; d'autres se renferment dans la solitude, et passent les jours et les nuits dans la méditation ou la prière. Le ramadan ou le carême des Mogols dure trente jours et commence à la nouvelle lune de février. Ils l'observent par un jeûne rigoureux qui ne finit qu'après le coucher du soleil. C'est une opinion bien établie parmi eux qu'on ne peut être sauvé que dans leur religion. Ils croient les juifs, les chrétiens et les idolâtres également exclus des félicités d'une autre vie. La plupart ne toucheraient point aux alimens qui sont achetés ou préparés par des chrétiens. Ils n'en exceptent que le biscuit fort sec et les confitures. Leur loi les oblige de faire cinq fois la prière dans l'espace de vingt-quatre heures. Ils la font

tête baissée jusqu'à terre, et les mains jointes. L'arrivée d'un étranger ne trouble point
leur attention. Ils continuent de prier en sa
présence; et lorsqu'ils ont rempli ce devoir,
ils n'en deviennent que plus civils.

En général, les Mogols et tous les Maures
indiens ont l'humeur noble, les manières po-
lies et la conversation fort agréable. On remarque de la gravité dans leurs actions et
dans leur habillement, qui n'est point sujet
au caprice des modes. Ils ont en horreur l'in-
ceste, l'ivrognerie et toutes sortes de querelles. Mais ils admettent la polygamie, et la
plupart sont livrés aux plaisirs des sens. Quoiqu'ils se privent en public de l'usage du vin
et des liqueurs fortes, ils ne font pas difficulté, dans l'intérieur de leurs maisons, de
boire de l'arak et d'autres préparations qui
les animent au plaisir.

Ils sont moins blancs que basanés; la plupart sont d'assez haute taille, robustes et
bien proportionnés. Leur habillement ordinaire est fort modeste. Dans les parties orien-
tales de l'empire, les hommes portent de longues robes des plus fines étoffes de coton,

16*

d'or ou d'argent. Elles leur pendent jusqu'au milieu de la jambe, et se ferment autour du cou. Elles sont attachées avec des nœuds par-devant, depuis le haut jusqu'en bas. Sous ce premier vêtement ils ont une veste d'étoffe de soie à fleurs, ou de toile de coton, qui leur touche au corps et qui leur descend sur les cuisses. Leurs culottes sont extrêmement longues, la plupart d'étoffes rouges rayées, et larges par le haut, mais se rétrécissant par le bas : elles sont froncées sur les jambes, et descendent jusqu'à la cheville du pied. Comme ils n'ont point de bas, cette culotte sert par ses plis à leur échauffer les jambes. Au centre de l'empire et vers l'occident, ils sont vêtus à la persane, avec cette différence, que les Mogols passent, comme les Guzarates, l'ouverture de leur robe sous le bras gauche, au lieu que les Persans la passent sous le bras droit; et que les premiers nouent leur ceinture sur le devant et laissent pendre les bouts; au lieu que les Persans ne font que la passer autour du corps, et cachent les bouts dans la ceinture même.

Ils ont des séripons, qui sont une espèce

de larges souliers, faits ordinairement de cuir rouge doré. En hiver comme en été, leurs pieds sont nus dans cette chaussure. Ils la portent comme nous portons nos mules, c'est-à-dire sans aucune attache, pour les prendre plus promptement lorsqu'ils veulent partir, et pour les quitter avec la même facilité en rentrant dans leurs chambres, où ils craignent de souiller leurs belles nattes et leurs tapis de pied.

Ils ont la tête rase et couverte d'un turban, dont la forme ressemble à celui des Turcs, d'une fine toile de coton blanc, avec des raies d'or ou de soie. Ils savent tous le tourner et se l'attacher autour de la tête, quoiqu'il soit quelquefois long de vingt-cinq ou trente aunes de France. Leurs ceintures, qu'ils nomment *commerbant*, sont ordinairement de soie rouge, avec des raies d'or ou blanches, et de grosses houppes qui leur pendent sur la hanche droite. Après la première ceinture, ils en ont une autre qui est de coton blanc, mais plus petite et roulée autour du corps, avec un beau synder au côté gauche, entre cette ceinture et la robe, dont la poi-

gnée est souvent ornée d'or, d'agate, de cris-
tal ou d'ambre. Le fourreau n'est pas moins
riche à proportion. Lorsqu'ils sortent et
qu'ils craignent la pluie ou le vent, ils prennent par-dessus leurs habits une écharpe
d'étoffe de soie qu'ils se passent par-dessus
les épaules, et qu'ils se mettent autour du
cou pour servir de manteau. Les seigneurs,
et tous ceux qui fréquentent la cour font
éclater leur magnificence dans leurs habits ;
mais le commun des citoyens et les gens de
métier sont vêtus modestement. Les mollahs
portent le blanc depuis la tête jusqu'aux
pieds.

Les femmes et les filles des mahométans
ont ordinairement autour du corps un grand
morceau de la plus fine toile de coton, qui
commence à la ceinture, d'où il fait trois ou
quatre tours en bas, et qui est assez large
pour leur pendre jusque sur les pieds. Elles
portent sur cette toile une espèce de caleçon
d'étoffe légère. Dans l'intérieur de leurs maisons, la plupart sont nues de la ceinture en
haut, et demeurent aussi nu-tête et pieds
nus ; mais lorsqu'elles sortent ou qu'elles pa-

raissent seulement à leur porte, elles se couvrent les épaules d'un habillement, par-dessus lequel elles mettent encore une écharpe. Ces deux vêtemens étant assez larges, et n'étant point attachés ni serrés, voltigent sur leurs épaules, et l'on voit souvent nue la plus grande partie de leur sein et de leurs bras. Les femmes riches ou de qualité ont aux bras des anneaux et des cercles d'or. Dans les rangs ou les fortunes inférieures, elles en ont d'argent, d'ivoire, de verre ou de laque dorée, et d'un fort beau travail. Quelquefois elles ont les bras garnis jusqu'au dessous du coude; mais ces riches ornemens paraissent les embarrasser, et n'ont pas l'air d'une parure aux yeux des étrangers. Quelques unes en portent autour des chevilles du pied. La plupart se passent dans le bas du nez des bagues d'or garnies de petites perles, et se percent les oreilles avec d'autres bagues, ou avec de grands anneaux qui leur pendent de chaque côté sur le sein : elles ont au cou de riches colliers ou d'autres ornemens précieux, et aux doigts quantité de bagues d'or. Leurs cheveux, qu'elles laissent pendre et qu'elles ménagent avec beaucoup d'art, sont ordinairement noirs, et se nouent en boucles sur le dos.

Les femmes de considération ne laissent jamais voir leur visage aux étrangers. Lorsqu'elles sortent de leurs maisons, ou qu'elles voyagent dans leurs palanquins, elles se couvrent d'un voile de soie. Schouten prétend que cette mode vient plutôt de leur vanité que d'un sentiment de pudeur et de modestie; et la raison qu'il en apporte, c'est qu'elles traitent l'usage opposé de bassesse vile et populaire. Il ajoute que l'expérience fait souvent connaître que celles qui affectent le plus de scrupule sur ce point sont ordinairement assez mal avec leurs maris, à qui elles ont donné d'autres occasions de soupçonner leur fidélité.

Les maisons des Maures sont grandes et spacieuses, et distribuées en divers appartemens qui ont plusieurs chambres et leur salle. La plupart ont des toits plats et des terrasses, où l'on se rend le soir pour y prendre l'air. Dans celles des plus riches, on voit de beaux jardins remplis de bosquets et d'allées d'arbres fruitiers, de fleurs et de plantes rares, avec des galeries, des cabinets et d'autres retraites contre la chaleur. On y trouve même des étangs et des viviers où l'on ménage des endroits également propres et commodes pour servir de bains aux hommes et aux femmes, qui ne laissent point passer de jours sans se rafraîchir dans l'eau. Quelques-uns font élever dans leurs jardins des tombeaux en pyramide, et d'autres ouvrages d'une architecture fort délicate. Cependant Bernier, après avoir parlé d'une célèbre maison de campagne du grand-mogol, qui est à deux ou trois lieues de Delhy, et qui se nomme *chahlimar*, finit par cette observation : «C'est véritablement une belle et royale maison ; mais n'allez pas croire qu'elle approche d'un Fontainebleau, d'un Saint-Germain ou d'un Versailles : ce n'en est pas seulement l'ombre. Ne pensez pas non plus qu'aux environs de Delhy il s'y trouve des Saint-Cloud, des Chantilly, des Meudon, des Liancourt, etc., ou qu'on y voie même de ces moindres maisons de simples gentilshommes, de bourgeois et de marchands, qui sont en si grand nombre autour de Paris. Les sujets ne pouvant acquérir la propriété d'aucune terre, une maxime si dure supprime nécessairement cette sorte de luxe. »

Les murailles des grandes maisons sont de terre et d'argile, mêlées ensemble et séchées au soleil. On les enduit d'un mélange de chaux et de fiente de vache, qui les préserve des insectes, et par-dessus encore d'une autre composition d'herbes, de lait, de sucre et de gomme, qui leur donne un lustre et un agrément singulier. Cependant on a déjà fait remarquer qu'il se trouve des maisons de pierre, et que, suivant la proximité des carrières, plusieurs villes en sont bâties presque entièrement. Les maisons du peuple ne sont que d'argile et de paille : elles sont basses, couvertes de roseaux, enduites de fiente de vache ; elles n'ont ni chambres hautes, ni cheminées, ni caves. Les ouvertures qui servent de fenêtres sont même sans vitres, et les portes sans serrures et sans verroux, ce qui n'empêche point que le vol n'y soit très-rare.

Les appartemens des grandes maisons of-

frent ce qu'il y a de plus riche en tapis de
Perse, en nattes très-fines, en précieuses
étoffes, en dorures et en meubles recherchés,
parmi lesquels on voit de la vaisselle d'or et
d'argent. Les femmes ont un appartement
particulier qui donne ordinairement sur le
jardin ; elles y mangent ensemble. Cette dépense est incroyable pour le mari, surtout
dans les conditions élevées; car chaque femme a ses domestiques et ses esclaves du même
sexe, avec toutes les commodités qu'elle
désire. D'ailleurs les grands et toutes les
personnes riches entretiennent un grand
train d'officiers, de gardes, d'eunuques, de
valets, d'esclaves, et ne sont pas moins at-
tentifs à se faire bien servir au dedans qu'à
se distinguer au dehors par l'éclat de leur
cortége. Chaque domestique est borné à son
emploi. Les eunuques gardent les femmes
avec des soins qui ne leur laissent pas d'autre
attention. On voit au service des principaux
seigneurs une espèce de coureurs qui portent
deux sonnettes sur la poitrine, pour être
excités par le bruit à courir plus vite, et qui
font régulièrement quatorze ou quinze lieues

XIII.   17

en vingt-quatre heures. On y voit des coupeurs de bois, des charretiers et des chameliers pour la provision d'eau, des porteurs de palanquins, et d'autres sortes de valets pour divers usages.

Entre plusieurs sortes de voitures, quelques-uns ont des carrosses à l'indienne qui sont tirés par des bœufs ; mais les plus communes sont diverses sortes de palanquins, dont la plupart sont si commodes, qu'on y peut mettre un petit lit avec son pavillon, ou des rideaux qui se retroussent comme ceux de nos lits d'ange. Une longue pièce de bambou courbée avec art passe d'un bout à l'autre de cette litière, et soutient toute la machine dans une situation si ferme, qu'on n'y reçoit jamais de mouvement incommode. On y est assis ou couché, on y mange et l'on y boit dans le cours des plus longs voyages ; on y peut même avoir avec soi quelques amis, et la plupart des Mogols s'y font accompagner de leurs femmes ; mais ils apportent de grands soins pour les dérober à la vue des passans. Ces agréables voitures sont portées par six ou huit hommes, sui-

vant la longueur du voyage et les airs de
grandeur que le maître cherche à se donner.
Ils vont pieds nus par des chemins d'une
argile dure, qui devient fort glissante pendant la pluie. Ils marchent au travers des
broussailles et des épines sans aucune marque de sensibilité pour la douleur, dans la
crainte de donner trop de branle au palan-
quin. Ordinairement il n'y a que deux porteurs par-devant et deux par-derrière qui marchent sur une même ligne. Les autres suivent pour être toujours prêts à succéder au
fardeau. On voit avec eux autour de la litière deux joueurs d'instrumens, des gardes,
des cuisiniers et d'autres valets, dont les uns
portent des tambours et des flûtes, les autres des armes, des banderoles, des vivres,
des tentes, et tout ce qui est nécessaire pour
la commodité du voyage. Cette méthode
épargne les frais des animaux, dont la nourriture est toujours difficile et d'une grande
dépense, sans compter que rien n'est à meilleur marché que les porteurs. Leurs journées
les plus fortes ne montent pas à plus de
quatre ou cinq sous. Quelques-uns même

ne gagnent que deux sous par jour. On se persuadera aisément qu'ils ne mettent leurs services qu'à ce prix, si l'on considère que dans toutes les parties de l'Indoustan les gens du commun ne vivent que de riz cuit à l'eau, et que, s'élevant rarement au-dessus de leur condition, ils apprennent le métier de leurs pères, avec l'habitude de la soumission et de la docilité pour ceux qui tiennent un rang supérieur.

Les seigneurs et les riches commerçans sont magnifiques dans leurs festins : c'est une grande partie de leur dépense. Le maître de la maison se place avec ses convives sur des tapis, où le maître-d'hôtel présente à chacun des mets fort bien apprêtés, avec des confitures et des fruits. Les Mogols ont des siéges et des bancs sur lesquels on peut s'asseoir ; mais ils se mettent plus volontiers sur des nattes fines et sur des tapis de Perse, en croisant leurs jambes sous eux. Les plus riches négocians ont chez eux des fauteuils pour les offrir aux marchands européens.

Dans les conditions honnêtes, on envoie

les enfans aux écoles publiques, pour y
apprendre à lire, à écrire, et surtout à bien
entendre l'Alcoran. Ils reçoivent aussi les
principes des autres sciences auxquelles ils
sont destinés, telles que la philosophie, la
rhétorique, la médecine, la poésie, l'astro-
nomie et la physique. Les mosquées servent d'écoles et les mollahs de maîtres.
Ceux qui n'ont aucun bien élèvent leurs
enfans pour la servitude ou pour la profession des armes, ou pour quelque autre
métier dans lequel ils les croient capables
de réussir.

Ils les fiancent dès l'âge de six à huit
ans : mais le mariage ne se consomme qu'à
l'âge indiqué par la nature, ou suivant l'ordre du père et de la mère. Aussitôt que
la fille reçoit cette liberté, on la mène avec
beaucoup de cérémonie au Gange, ou sur
le bord de quelque autre rivière. On la
couvre de fleurs rares et de parfums. Les
réjouissances sont proportionnées au rang
ou à la fortune. Dans les propositions de
mariage, une famille négocie long-temps.
Après la conclusion, l'homme riche monte

17*

à cheval pendant quelques soirées. On lui porte sur la tête plusieurs parasols. Il est accompagné de ses amis, et d'une suite nombreuse de ses propres domestiques. Ce cortége est environné d'une multitude d'instrumens, dont la marche s'annonce par un grand bruit. On voit parmi eux des danseurs, et tout ce qui servir à donner plus d'éclat à la fête. Une foule de peuple suit ordinairement cette cavalcade. On passe dans toutes les grandes rues ; on prend le plus long chemin. En arrivant chez la jeune femme, le marié se place sur un tapis où ses parens le conduisent. Un mollah tire son livre, et prononce hautement les formules de religion, sous les yeux d'un magistrat qui sert de témoin. Le marié jure devant les spectateurs que s'il répudie sa femme, il restituera la dot qu'il a reçue ; après quoi le prêtre achève et leur donne sa bénédiction.

Le festin nuptial n'est ordinairement composé que de bétel ou d'autres mets délicats : mais on n'y sert jamais de liqueurs fortes, et ceux qui en boivent sont obligés de se tenir à l'écart. Le mets le plus commun et le plus estimé est une sorte de pâte en petites boules rondes, composée de plusieurs semences aromatiques et mêlée d'opium, qui les rend d'abord fort gais, mais qui les ↄ   ⸱uite et les fait dormir.

Le divorce n'est pas moin⸱   que la polygamie. Un homme peut épouser autant de femmes que sa fortune lui permet d'en nourrir; mais, en donnant à celles qui lui déplaisent le bien qu'il leur a promis le jour du mariage, il a toujours le pouvoir de les congédier. Elles n'ont ordinairement pour dot que leurs vêtemens et leurs bijoux. Celles qui sont d'une haute naissance passent dans la maison de leur mari avec leurs femmes de chambre et leurs esclaves. L'adultère les expose à la mort. Un homme qui surprend sa femme dans le crime, ou qui s'en assure par des preuves, est en droit de la tuer. L'usage ordinaire des Mogols est de fendre la coupable en deux avec leurs sabres; mais une femme qui voit son mari entre les bras d'une autre n'a d'autre ressource que la patience. Cependant, lorsqu'elle peut prouver qu'il l'a battue, ou qu'il lui refuse ce qui est

nécessaire à son entretien, elle peut porter
sa plainte au juge et demander la dissolution
du mariage. En se séparant, elle emmène
ses filles, et les garçons restent au mari. Les
riches particuliers, surtout les marchands,
établissent une partie de leurs femmes et de
leurs concubines dans les différens lieux où
leurs affaires les appellent pour y trouver
une maison prête et toutes sortes de commodités. Ils en tirent aussi cet avantage,
que les femmes de chaque maison s'efforcent
par leurs caresses de les y attirer plus souvent. Ils les font garder par des eunuques et
des esclaves, qui ne leur permettent pas
même de voir leurs plus proches parens.

Ces soins n'empêchent pas qu'il n'arrive
de grands désordres jusque dans le sérail de
l'empereur. On peut s'en fier au témoignage
de Bernier. « On vit, dit-il, Aüreng-Zeb un
peu dégoûté de Rochenara-Begum, sa favorite, parce qu'elle fut accusée d'avoir fait
entrer à diverses fois dans le sérail deux
hommes qui furent découverts et menés devant lui. Voici de quelle façon une vieille
métisse de Portugal, qui avait été long-

temps esclave dans le sérail, et qui avait la
liberté d'y entrer et d'en sortir, me raconta
la chose. Elle me dit que Rochenara-Begum,
après avoir épuisé les forces d'un jeune homme pendant quelques jours qu'elle l'avait
tenu caché, le donna à quelques-unes de ses
femmes pour le conduire pendant la nuit au
travers de quelques jardins et le faire sauver ; mais soit qu'elles eussent été découver-
tes, ou qu'elles craignissent de l'être, elles
s'enfuirent, et le laissèrent errant parmi ces
jardins, sans qu'il sût de quel côté tourner.
Enfin, ayant été rencontré et mené devant
Aureng-Zeb, ce prince l'interrogea beaucoup, et n'en put presque tirer d'autres ré-
ponses, sinon qu'il était entré par-dessus les
murailles. On s'attendait qu'il le ferait traiter avec la cruauté que Schah-Djehan son
père avait eue dans les mêmes occasions ;
mais il commanda simplement qu'on le fît
sortir par où il était entré. Les eunuques
allèrent au-delà de cet ordre, car ils le jetèrent du haut des murailles en bas. Pour ce
qui est du second, cette même femme dit
qu'il fut trouvé errant dans les jardins com-

me le premier, et qu'ayant confessé qu'il était
entré par la porte, Aureng-Zeb commanda
aussi simplement qu'on le fît sortir par la
porte; se réservant néanmoins de faire un
grand et exemplaire châtiment sur les eunuques, parce que c'est une chose qui non-seulement regardait son honneur, mais aussi la
sûreté de sa personne. »

Citons un autre trait du même voyageur.
« En ce même temps, dit-il, on vit arriver
un accident bien funeste, qui fit grand bruit
dans Delhy, principalement dans le sérail,
et qui désabusa quantité de personnes qui
avaient peine à croire, comme moi, que les
eunuques, c'est-à-dire ceux à qui on n'a
laissé aucune ressource, devinssent amoureux comme les autres hommes. Didar-Khan,
un des premiers eunuques du sérail, et qui
avait fait bâtir une maison où il venait souvent se coucher et se divertir, devint amoureux d'une très-belle femme d'un de ses voisins qui était un écrivain gentou; ses amours
durèrent assez long-temps, sans que personne y trouvât beaucoup à redire, parce
qu'enfin c'était un eunuque, qui a droit d'en-

trer partout. Mais cette familiarité devint si grande et si extraordinaire, que les voisins se doutèrent de quelque chose, et raillèrent l'écrivain. Une nuit qu'il trouva les deux amans couchés ensemble, il poignarda l'eunuque, et laissa la femme pour morte. Tout le sérail, les femmes et eunuques, se ligua contre lui pour le faire mourir ; mais Aureng-Zeb se moqua de toutes leurs brigues, et se contenta de lui faire embrasser le mahométisme. »

Les devoirs qu'on rend aux morts sont accompagnés de tant de modestie et de décence, qu'un voyageur hollandais reproche à sa nation d'en avoir beaucoup moins. Pendant trois jours les femmes, les parens, les enfans et les voisins poussent de grands cris ; ensuite on lave le corps : on l'ensevelit dans une toile blanche qu'on coud soigneusement, et dans laquelle on renferme divers parfums. La cérémonie des funérailles commence par deux ou trois prêtres, qui tournent plusieurs fois autour du corps en prononçant quelques prières. Huit ou dix hommes vêtus de blanc le mettent dans la bière

et le portent au lieu de la sépulture. Les parens et les amis, vêtus aussi de blanc, suivent deux à deux, et marchent avec beaucoup d'ordre et de modestie. Le tombeau est
petit, et ordinairement de maçonnerie ; on
y pose le corps sur le côté droit, les pieds
tournés vers le midi et le visage vers l'occident. On le couvre de planches, et l'on jette
de la terre par-dessus. Ensuite toutes les
personnes de l'assemblée vont se laver les
mains dans un lieu préparé pour cet usage.
Les prêtres et les assistans reviennent former un cercle autour du tombeau, la tête
couverte, les mains jointes, le visage tourné
vers le ciel, et font une courte prière : après
quoi chacun reprend son rang pour suivre
les parens jusqu'à la maison du deuil. Là,
sans perdre la gravité qui convient à cette
triste scène, l'assemblée se sépare, et chacun se retire d'un air sérieux.

Ces usages, qui sont communs à tous les
mahométans de l'empire, mettent beaucoup
de ressemblance entre eux dans toutes les
provinces, malgré la variété de leur origine
et la différence du climat. Mais l'on ne trouve

pas la même conformité dans les sectes idolâtres, qui composent encore la plus grande
partie des sujets du grand-mogol. Les voyageurs en distinguent un grand nombre. Ici,
pour ne s'arrêter qu'aux usages civils, les
principales observations doivent tomber sur
les banians, qui, faisant sans comparaison
le plus grand nombre, peuvent être regardés
comme le second ordre d'une nation dont les
mahométans sont le premier.

Suivant le témoignage de tous les voyageurs, il n'y a point d'Indiens plus doux,
plus modestes, plus tendres, plus pitoya-
bles, plus civils, et de meilleure foi pour les
étrangers que les banians. Il n'y en a point
aussi de plus ingénieux, de plus habiles, et
même de plus savans. On voit parmi eux des
gens éclairés dans toutes sortes de profes-
sions, surtout des banquiers, des joailliers,
des écrivains, des courtiers très-adroits, et
de profonds arithméticiens. On y voit de
gros marchands de grains, de toiles de coton, d'étoffes de soie, et de toutes les marchandises des Indes. Leurs boutiques sont
belles, et les magasins richement fournis ;

XIII. 18

mais il n'y faut chercher ni viande ni poisson.
Les banians savent mieux l'arithmétique que
les chrétiens et les Maures. Quelques-uns
font un gros commerce sur mer, et possèdent
d'immenses richesses ; aussi ne vivent-ils
pas avec moins de magnificence que les Maures. Ils ont de belles maisons, des appartemens commodes et bien meublés, et des
bassins d'eau fort propres pour leurs bains.
Ils entretiennent un grand nombre de domestiques, de chevaux et de palanquins ;
mais leurs richesses n'empêchent point qu'ils
ne soient soumis aux Maures dans tout ce
qui regarde l'ordre de la société, à l'exception du culte religieux, sur lequel aucun
empereur mogol n'a jamais osé les chagriner.
Il est vrai qu'ils achètent cette liberté par de
gros tributs qu'ils envoient à la cour par
leurs prêtres, qui sont les bramines. Elle en
est quitte pour quelques vestes ou quelque
vieil éléphant, dont elle fait présent à leurs
députés. Ils paient aussi de grosses sommes
aux gouverneurs, dans la crainte qu'on ne
le charge de fausses accusations, ou que,
sous quelque prétexte, on ne confisque leurs

biens. Le peuple de cette secte est composé
de toutes sortes d'artisans qui vivent du travail de leurs mains, mais surtout d'un grand
nombre de tisserands dont les villes et les
champs sont remplis. Les plus fines toiles et
les plus belles étoffes des Indes viennent
de leurs manufactures. Ils fabriquent des
tapis, des couvertures, des courtes-pointes,
et toutes sortes d'ouvrages de coton ou de
soie, avec la même industrie dans les deux
sexes, et la même ardeur pour le travail.

Les riches banians sont vêtus à peu près
comme les Maures; mais la plupart ne portent que des étoffes blanches depuis la tête
jusqu'aux pieds. Leurs robes sont d'une fine
toile de coton, dont ils se font aussi des
turbans. C'est par cette partie néanmoins
qu'on les distingue; car leurs turbans sont
moins grands que ceux des Maures. On les
reconnaît aussi à leurs hauts-de-chausses,
qui sont plus courts; d'ailleurs ils ne se font
point raser la tête, quoiqu'ils ne portent
pas les cheveux fort longs. Leur usage est
aussi de se faire tous les jours une marque

jaune au front, de la largeur d'un doigt,
avec un mélange d'eau et de bois de sandal,
dans lequel ils broient quatre ou cinq grains
de riz. C'est de leurs bramines qu'ils reçoivent
cette marque, après avoir fait leurs dévotions dans quelques pagodes.

Leurs femmes ne se couvrent point le
visage comme celles des mahométans, mais
elles parent aussi leurs têtes de pendans et
de colliers. Les plus riches sont vêtues d'une
toile de coton si fine, qu'elle en est transparente, et qui leur descend jusqu'au milieu
des jambes. Elles mettent par-dessus une
sorte de veste, qu'elles serrent d'un cordon
au-dessus des reins. Comme le haut de cet
habillement est fort lâche, on les voit nues
depuis le sein jusqu'à la ceinture. Pendant
l'été, elles ne portent que des sabots ou des
souliers de bois, qu'elles s'attachent aux pieds
avec des courroies ; mais l'hiver elles ont des
souliers de velours ou de brocart, garnis
de cuir doré. Les quartiers en sont fort bas,
parce qu'elles se déchaussent à toute heure
pour entrer dans leurs chambres, dont les

planchers sont couverts de tapis. Les enfans
de l'un et de l'autre sexe vont nus jusqu'à
l'âge de quatre ou cinq ans.

La plupart des femmes banianes ont le
tour du visage bien fait et beaucoup d'agré-
mens. Leurs cheveux noirs et lustrés forment
une ou deux boucles sur le derrière du cou,
et sont attachés d'un nœud de ruban. Elles
ont, comme les mahométanes, des anneaux
d'or passés dans le nez et dans les oreilles;
elles en ont aux doigts, aux bras, aux jambes
et au gros doigt de pied. Celles du commun
les ont d'argent, de laque, d'ivoire, de verre
ou d'étain. Comme l'usage du bétel leur noir-
cit les dents, elles sont parvenues à se persuader que c'est une beauté de les avoir de
cette couleur. « Fi ! disaient-elles à Man-
» delslo, vous avez les dents blanches comme
» les chiens et les singes. »

Les bramines sont distingués des autres
banians par leur coiffure, qui est une simple
toile blanche, à laquelle ils font faireplu-
sieurs fois le tour de la tête, pour attacher
entièrement leurs cheveux, qu'ils ne font
jamais couper, et par trois filets de petite

18*

ficelle qu'ils portent sur la peau, et qui leur descend en écharpe sur l'estomac, depuis l'épaule jusqu'aux hanches. Ils n'ôtent jamais cette marque de leur profession, quand il serait question de la vie.

L'éducation des enfans de cette nombreuse secte n'a rien de commun avec celle des mahométans. Les jeunes garçons apprennent de bonne heure l'arithmétique et l'art d'écrire. Ensuite on s'efforce de les avancer dans la profession de leurs pères. Il est rare qu'ils abandonnent le genre de vie dans lequel ils sont nés. L'usage est de les fiancer dès l'âge de quatre ans, et de les marier au-dessus de dix, après quoi les parens leur laissent la liberté de suivre l'instinct de la nature. Aussi l'on voit souvent parmi eux de jeunes mères de dix ou douze ans. Une fille qui n'est pas mariée à cet âge tombe dans le mépris. Les cérémonies des noces sont différentes dans chaque ville. Mais tous les pères s'accordent à donner leurs filles pour une somme d'argent ou pour quelque présent qu'on leur offre. Après avoir marché avec beaucoup d'appareil dans les principales

rues de la ville ou de bourg, les deux familles
se placent sur des nattes, près d'un grand
feu, autour duquel on fait faire trois tours
aux deux amans, tandis qu'un bramine prononce quelques mots, qui sont comme la
bénédiction du mariage. Dans plusieurs endroits, l'union se fait par deux cocos, dont
l'époux et la femme font un échange, pendant que le bramine leur lit quelques formules dans un livre. Le festin nuptial est
proportionné à l'opulence des familles. Mais
quelque riches que soient les parens d'une
fille, il est rare qu'elle ait d'autre dot que ses
joyaux, ses habits, son lit et quelque vaisselle. Si la nature lui refuse des enfans, le
mari peut en prendre une seconde, et même
une troisième femme; mais la première conserve toujours son rang et ses priviléges.
D'ailleurs, quoique l'usage accorde cette liberté aux hommes, ils ne peuvent guère
en user sans donner quelque atteinte à leur
réputation.

Les banians sont d'une extrême propreté
dans leurs maisons. Ils couvrent le pavé de
nattes fort bien travaillées, sur lesquelles ils

s'asseyent comme les Maures, c'est-à-dire
les jambes croisées sous eux. Leur nourriture la plus commune est du riz, du beurre
et du lait, avec toutes sortes d'herbages et
de fruits. Ils ne mangent aucune sorte d'animaux, et ce respect pour toutes les créatures
vivantes s'étend jusqu'aux insectes. Dans
plusieurs cantons, ils ont des hôpitaux pour
les bêtes languissantes de vieillesse ou de
maladie. Ils rachètent les oiseaux qu'ils
voient prendre aux mahométans. Les plus
dévots font difficulté d'allumer pendant la
nuit du feu ou de la chandelle, de peur que
les mouches ou les papillons ne s'y viennent
brûler. Cet excès de superstition, qu'ils doivent à l'ancienne opinion de la transmigra-
tion des âmes, leur donne de l'horreur pour
la guerre et pour tout ce qui peut conduire
à l'effusion du sang; aussi les empereurs
n'exigent-ils d'eux aucun service militaire;
mais cette exemption les rend aussi méprisables que leur idolâtrie aux yeux des mahométans, qui en prennent droit de les traiter
en esclaves : ce qui n'empêche point que le
souverain ne leur laisse l'avantage de pouvoir

léguer leurs biens à leurs héritiers mâles, sous la seule condition d'entretenir leur mère jusqu'à la mort, et leurs sœurs jusqu'au temps de leur mariage.

Quelques voyageurs ont fait le compte des sectes idolâtres, qui sont autant de branches des banians, et prétendent en avoir trouvé quatre-vingt-trois ; elles ont toutes cette ressemblance avec les mahométans, qu'elles font consister la principale partie de leur religion dans les purifications corporelles. Il n'y a point d'idolâtre indien qui laisse passer le jour sans se laver ; la plupart n'ont pas de soin plus pressant : dès le plus grand matin, avant le lever du soleil, ils se mettent dans l'eau jusqu'aux hanches, tenant à la main un brin de paille que le bramine leur distribue pour chasser l'esprit malin, pendant qu'il donne la bénédiction et qu'il prêche ses opinions à ceux qui se purifient. Les habitans des bords du Gange se croient les plus heureux, parce qu'ils attachent une idée de sainteté aux eaux de ce fleuve ; non-seulement ils s'y baignent plusieurs fois le jour, mais ils ordonnent que leurs cendres y soient jetées après leur mort. Le comble de leur superstition est dans le temps des éclipses, dont ils craignent les plus malignes influences.

FIN DU TREIZIÈME VOLUME.

TABLE DES MATIÈRES.

SECONDE PARTIE. — ASIE.

LIVRE II.

CONTINENT DES INDES.

CHAP. VII. — Voyage de l'ambassadeur anglais Thomas Rhoé dans l'Indoustan.   1

CHAP. VI. — Voyage de Tavernier dans l'Indoustan.   35

CHAP. IX. — Indoustan.   110

FIN DE LA TABLE.

HISTOIRE NATURELLE

DE BUFFON,

60 VOLUMES IN-18,

ORNÉS DE 700 FIGURES,

à **15** sous le volume pour Paris,
et 18 sous pour les départemens.

IL PARAIT, AVEC CHAQUE VOLUME, UN CAHIER
DE QUATRE PLANCHES,
LIVRÉ GRATIS AUX SOUSCRIPTEURS.

HISTOIRE

DE NAPOLÉON

ET DE

LA GRANDE ARMÉE.

8 VOLUMES IN-18,

ORNÉS DE GRAVURES ET PORTRAITS.

à **15** sous le volume pour Paris,
et 18 sous pour les départemens.

www.ingramcontent.com/pod-product-compliance
Lightning Source LLC
Chambersburg PA
CBHW060028100426
42740CB00010B/1637